新时代

中国货币政策转型研究

转型研究

基于TVP-SV-MF-BFAVAR的理论与实践

王德卿 ◎ 著

中国财经出版传媒集团

经济科学出版社

Economic Science Press

·北 京·

图书在版编目（CIP）数据

新时代中国货币政策转型研究：基于 TVP – SV – MF –
BFAVAR 的理论与实践/王德卿著 . – – 北京：经济科学
出版社，2024.3. – – ISBN 978 – 7 – 5218 – 5657 – 6

Ⅰ. F822.0

中国国家版本馆 CIP 数据核字第 2024FB2748 号

责任编辑：杜　鹏　张立莉　常家凤
责任校对：靳玉环
责任印制：邱　天

新时代中国货币政策转型研究：基于 TVP – SV – MF – BFAVAR 的理论与实践

王德卿　著

经济科学出版社出版、发行　新华书店经销

社址：北京市海淀区阜成路甲 28 号　邮编：100142

总编部电话：010 – 88191217　发行部电话：010 – 88191522

网址：www. esp. com. cn

电子邮箱：esp@ esp. com. cn

天猫网店：经济科学出版社旗舰店

网址：http://jjkxcbs. tmall. com

固安华明印业有限公司印装

710×1000　16 开　13 印张　220000 字

2024 年 3 月第 1 版　2024 年 3 月第 1 次印刷

ISBN 978 – 7 – 5218 – 5657 – 6　定价：96.00 元

（图书出现印装问题，本社负责调换。电话：010 – 88191545）

（版权所有　侵权必究　打击盗版　举报热线：010 – 88191661

QQ：2242791300　营销中心电话：010 – 88191537

电子邮箱：dbts@ esp. com. cn）

前　言

　　货币政策作为世界各国的主要宏观经济调控手段，长期以来，特别是在经济环境产生变动时，发挥着重要的调控作用。自改革开放以来，我国经济发展历经诸多变革，近几年国内经济增速下滑，开启了经济"新常态"，货币政策的有效性势必也发生了相应的变化。在金融危机之前，我国便形成了以数量型为主、价格型为辅的货币政策调控框架，随着利率市场化改革的不断推进，金融市场日益复杂，价格型货币政策的有效性逐渐提高，我国货币政策由"数量型"向"价格型"转变的压力与日俱增。但学术界针对新形势下两种货币政策的有效性变化存在争论，受限于研究数据与方法，国内相关研究文献较为匮乏。本书正是基于此背景展开探讨，以期在理论上填补现有文献的不足，构建新的研究框架，为后续研究提供新的思路。在实践中探究出适合当下我国经济社会发展的货币政策框架，为经济"新常态"下，特别是疫情之后我国货币政策的调控模式提供科学支撑。

　　第一，本书通过文献计量与研究综述相结合的方法，系统梳理货币政策有效性相关研究，并进行研究综述。梳理该领域的发展趋势和研究进展，把握研究方向，找出现有文献不足，为后文研究提供指引。第二，针对货币政策有效性厘清相关概念，分类探讨相关理论和演进历程，结合文献综述部分，提出研究假设，为后文实证研究奠定基础。第三，本书在上述理论分析的基础上，通过融合动态因子模型、混频思想、贝叶斯估计和因子扩充向量自回归模型，构建新型的混频贝叶斯因子扩充向量自回归模型（mixed-frequency bayesian factor augmented vector autoregression，MF – BFAVAR），通过三种不同频度（季度、月度和日度）的 40 个指标数据，分别构建两种货币政策及产出和通胀的指数，并分时期对两种货币政策工具的有效性进行了实证研究。第四，根据上部分的研究结论，重新调整研究假设，并在 MF –

BFAVAR 框架的基础上，增加时变系数和随机波动要素，构建 TVP – SV – MF – BFAVAR 新框架来研究货币政策有效性的时变特征。第五，本书还构建"资本市场""房地产市场"和"实体经济"三项实际经济活动指数，通过前文新的研究方法，来研究两类货币政策对实际经济活动的有效性及时变特征。第六，本书基于全书研究，总结研究结论，提出有针对性的政策建议，并总结研究不足，对未来研究方向作出展望。

本书的研究结论认为，经过积极的利率市场化改革，价格型货币政策有效性得到提升，但数量型货币政策工具并没有显著下降。同时，我国货币政策有效性具有明显的时变特征，两种货币政策工具面对不同的经济环境时的有效性和对不同经济活动的影响均展现出较强的异质性。进入新常态后，货币政策调控效果也有所变化。宏观经济调控政策各有特点，要相机抉择。本书针对全书研究内容和结论，提出四条政策建议：一是要继续拒绝"大水漫灌"，实施有针对性的调控政策；二是货币政策的选择要依据不同政策目标相机抉择；三是应继续积极推进利率市场化改革进程；四是步入新常态后，应根据调控效果的变化来进行政策制定，实施以价格型工具为主，辅以数量型工具的调控模式。

在理论研究上，在本书的理论研究框架中，在前人研究构建的理论模型基础上，创新地应用动态因子模型来构建货币政策指数，来替代原有的单一指标的货币政策变量，以期得到更好的研究效果；在理论模型中，加入财政支出政策指标，可以更方便地研究宏观经济调控政策的联动效果。同时，本书还系统梳理了世界发达经济体的货币政策演变历程，总结转型的成功经验，也对我国的货币政策演进历程进行总结，并对未来的发展提出展望。结合上述理论分析，提出合理的研究假设，为后文实证研究作铺垫。

在研究方法上，本书融合动态因子模型、混频思想以及贝叶斯推断，以因子扩充向量自回归模型为基准，构建了新型的 MF – BFAVAR 研究框架，来研究我国货币政策有效性的变化。为了更好地研究货币政策有效性的时变特征，本书在该研究框架的基础上，加入了时变参数与随机波动，构建了新型的 TVP – SV – MF – BFAVAR 研究框架。在更好地进行实证研究的同时，改进了原有的相关研究方法。得益于本书所构建的新型研究框架，不同于已有文献的两期数据混频，本书创新性地纳入了季度、月度和日度的三期混频数据。同时，本书还创新地采用文献计量的方式，系统地梳理了货币政策有效性相关研究的动态演进历程，并分主题深入分析了相关文献的研究综述。

　　在实践应用上，与现实问题相结合，本书积极响应针对热点问题的探讨，特别是针对经济步入新常态以来大环境的变化，本书结合相关的研究结论，对不同的情景分别进行了深入的分析探讨，为匮乏的相关领域研究提供了新的研究内容，为应对相应情景的政策制定者提供了理论支撑。

目　　录

第 1 章

绪 论

1.1 研究背景与意义

1.1.1 研究背景

1. 货币政策调控与风云变幻的国际局势

爆发于 20 世纪 30 年代的经济"大萧条",使得资本主义国家的经济受到前所未有的冲击,而主张市场经济放任自流,一般不会发生生产过剩危机和就业不足状况的萨伊市场定律(Say's law of market)已经明显无法挽救经济"大萧条"的颓势。此背景下,主张政府干预的凯恩斯主义适应了社会发展需求,扮演了"大萧条救世主"的角色,从而取代了萨伊定律,成为西方资本主义国家的主流调控思想。同时,作为重要宏观经济调控工具的货币政策,也逐渐被各国的政策制定者们所重视,在世界各国的宏观经济调控中均发挥了重要的作用。

自凯恩斯主义盛行之后,货币政策作为宏观经济调控的重要手段开始频繁被使用。20 世纪末期,美国和日本之间的贸易逆差持续扩大,美国意欲通过美元贬值来获取对日贸易顺差,恰逢日本国内被长期的房地产等泡沫增长带来的虚假经济繁荣冲昏头脑,认为日元对美元升值有利于日企在海外投资并购,开展业务,拓展海外市场,因而美日等国于 1985 年 9 月 22 日共同签订了《广场协议》，约定各国政府联合对外汇市场进行干预，引导美元对日元等货币有序贬值，以协助美国获取贸易顺差。随后，日元的快速贬值直接刺破了日本国内的房地产市场泡沫，而繁荣又脆弱的房地产市场的崩溃引发日本银行业出现重大问题：系统流动性风险爆发，这迅速引起了一连串的连锁反应，直接导致了一向经济向好发展的日本突然经济增速大幅下滑，国内物价迅速下跌造成通货紧缩，国内企业在国际市场上地位急剧下降。日本历史上著名的"失去的十年"正是指这段时间。在这段时间里，为了迅速摆脱经济低迷的泥潭，日本央行开启了频繁的货币政策调控，仅 1991～1993 年三年时间内，日本就对基准贷款利率进行了五次调整，而后基准贷款年利率也一直保持在非常低的水平线上，即 0.005。从上述案例中可以发现，在日本这一后起之秀的发达资本主义国家中，货币政策对宏观调控及国家经济的重要性。

2007 年，美国发生了自 20 世纪 30 年代之后的又一次经济危机，并进而引发了全球性的经济危机。而此次危机的诱因也是跟房地产市场有关，由于美国房地产市场长期的繁荣造成的泡沫增长，被一场暂时的增长迟滞和调高的贷款利率瞬间挤压。引发了次级房屋抵押贷款的频繁违约，进而诱发了大量投行等金融机构资金链断裂，破产关门。由于美国这次经济危机的严重性和其在国际中经济的地位，不出所料地引发了全球性的金融危机，此后的三年期间，美国 GDP 的增长率由 4.5% 降到了负值，甚至低到了 －2.1%。为尽快解决这些经济问题、摆脱经济负增长的窘境、维持美国在全球的经济地位，2008 年美国联邦储备系统开启了新一轮的量化宽松政策（quantitative easing，QE），来支持经济以及劳动力市场的复苏。仅一年的时间，美联储联邦基金利率就从 3.94% 下降到了 0.16%，甚至在另一轮的量化宽松政策期间，达到了 0.007 这一近乎于零利率的最下限度。从中也可以看出，与日本"失去的十年"时期相似，美国也在经济低迷，甚至在全球经济危机的时刻对宏观调控中的货币政策进行了大量使用。图 1.1 为"次贷危机"爆发以来美国联邦基金利率调整走势。

金融危机方兴未艾，欧债危机接踵而至，全球经济环境再一次遭受重创。同日本经济倒退和金融危机的导火索有所不同，欧债危机的起因是欧洲国家的主权债务导致。众所周知，诸多欧洲国家，特别是北欧国家以超高的社会福利而闻名。然而高社会福利的背后，是这些国家大幅举债的结果。缺乏新增长点的欧洲国家经济普遍较为低迷，加之又遭受金融危机的巨大冲击，诸多欧洲国家陷入了入不敷出的境地,进而影响了政府的主权信用。2009～2010 年,包括希腊、葡萄牙、意大利在内的诸多欧洲国家的标普信用评级均遭到下调。随后,希腊政府宣布破产,欧洲主权债务危机彻底迸发。而作为欧洲经济一体化的代表产物——欧洲央行为挽救此次危机,频繁地祭出货币政策调控工具,接连下调基准存款利率,直至降低到了近乎于零的限度。可以看出,在面对经济下滑时,货币政策也是欧洲共同体的重要选择。图 1.2 为"欧债危机"爆发后欧元区再融资利率调整走势。

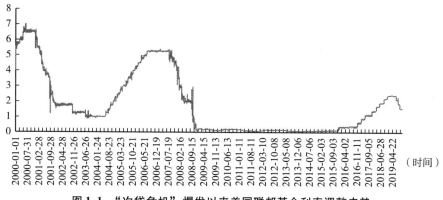

图 1.1 "次贷危机"爆发以来美国联邦基金利率调整走势

资料来源:Wind。

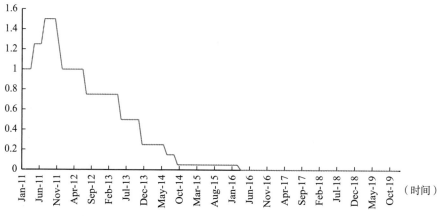

图 1.2 "欧债危机"爆发后欧元区再融资利率调整走势

资料来源:Wind。

2. 瞬息万变的国内经济环境

日新月异的中国是世界上最受关注的经济体之一。自改革开放以来，我国经济一直保持快速增长，而国内的经济结构也发生了翻天覆地的变化。全球化程度的日益加深，致使 2008 年的全球金融危机也极大地冲击了我国的经济发展。随后，我国相机出台了一系列刺激经济的宏观经济调控措施，使我国经济迎来了一段快速的复苏。而后我国 GDP 增速逐年下降，从 2014 年之后，我国经济增速由高速增长调整为中高速增长。一个明显的标志是，GDP 增长率的预期逐年递减（李扬和张晓晶，2015）（见图 1.3）。国家主席习近平用"新常态"来形容这个经济发展的新阶段。

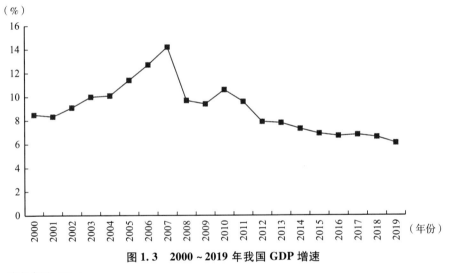

图 1.3 2000～2019 年我国 GDP 增速

资料来源：Wind。

经济"新常态"一词最初"诞生"在 2014 年 5 月，是习近平总书记在河南考察时首次明确提出。在 2014 年 11 月的亚太经合组织工商领导人峰会上，习近平主席提出了"中国经济呈现出新常态"这一概念，并刻画了我国经济步入"新常态"后的三个特征：一是经济增长速度的转变，由高速逐渐降低为平稳的中高速；二是经济结构的调整，经济结构要不断优化升级；三是经济增长动力的创新，从要素驱动、投资驱动转向创新驱动。在同年 12 月份的中央经济工作会上，习近平总书记又从多个角度对中国经济"新常态"进行了深刻的分析，对它的具体表现、原因、转变方向的发展作出了解释。并指明了我国这个新的经济特征，是我国经济发展必然经历的阶段，这是不受人为主观因素改变的事实。"新常态"是形容现阶段中国经济发展现状最合适的词语，这意味着我们不再一味地追求经济总量，而是将对经济总量的追求与产业结构等的追求相结合，改变了由粗放型发展模式向更健康的经济增长模式转变，向经济与社会全面协同发展的增长模式转变，向精准精细的经济发展模式转变。

几十年的发展历程，中国不断地创造经济增长的奇迹，而中国货币政策的有效性也伴随着经济的快速增长产生相应的改变。金融危机的重创令我国逐渐步入了经济"新常态"，而调整经济发展结构，深化金融体制改革的过程，势必会导致不同货币政策有效性的转变。同时，针对新冠疫情带来的冲击，我国又应该用哪些货币政策工具来应对？

3. 货币政策转型与政策有效性

在"十四五"规划中，货币政策在宏观调控中的重要作用再次凸显出来。其实在金融危机之前，中国已经形成了以数量型货币政策为主、价格型货币政策为辅的货币政策框架。与此同时，我国也在不遗余力地推动利率市场化的进程（赵等，2019）。2015 年，利率市场化改革初步完成，为价格型货币政策的有效实施提供了有利条件。利率等价格型货币政策工具作为经济调控的重要手段之一，与各个市场之间的联系也逐渐增强，通过其向各个市场传导的政策效果也日益高涨。周小川（2013）认为，定量工具与行政干预相结合会产生政策协同效应，同时也会带来难以把控的问题，如政策力度过大、不稳定的制度安排、政策效果等。伴随着利率和汇率市场化改革的不断深入，量化货币政策的调控效果面临下降趋势，其在宏观调控方面难度普遍增加，货币政策由"数量型"向"价格型"转型的压力不断增强。

从货币环境方面看，金融市场日益复杂，导致货币流通的方式日益多样，范围也日益广泛，货币供应量的数量及其流通范围也很难控制和把握；而各类新型金融产品的不断涌现，增强了利率变化的传导效应，增强了价格调控的有效性。同时金融危机之后，尤其是在经济步入"新常态"之后，我国央行不断丰富货币政策调控工具，各类创新型货币政策调控工具层出不穷，极大地增强了我国货币政策调控的覆盖范围和实施效果。表 1.1 为数量型与价格型货币政策工具对比。

表 1.1   数量型与价格型货币政策工具对比

类别	数量型货币政策工具	价格型货币政策工具
调控工具	存款准备金率、公开市场、再贷款和再贴现等	价格变量（利率、汇率等）
调控目标	货币数量（基础货币、货币供应量等）	资产价格变化，微观主体的财务成本和收入预期调控方式央行主导、居民被动，居民和央行互动
调整方式	直接调整 GDP、CPI、FAI 等宏观经济变量，缺乏对微观主体行为的观测	间接调整宏观经济变量，注重影响微观主体预期来调整经济行为
观测重点	观测 GDP、CPI、FAI 等宏观经济变量	观测微观主体预期及其经济行为调整

4. 关于新形势下我国货币政策有效性变化的研究相对匮乏

一方面，面对风云突变的国际大环境，我国经济增长也发生了急剧的变化，外部环境的变化势必会导致货币政策有效性的变动。同时，国内也在不断地推进利率市场化改革，数量型货币政策和价格型货币政策究竟哪个更有效，更适用于新形势下的我国经济环境，亟待解决。但国内外对该问题的相关研究相对匮乏，国际领域对该问题的关注普遍停留在经济"新常态"之前，之后的文献数量较少，质量也良莠不齐。国内关注点普遍在于货币政策对微观实体的影响，而从宏观层面对政策本身有效性关注的研究较少。同时，所使用方法亦缺乏新意。

另一方面，日益增长的数据指标数量、不断推陈出新的研究方法和我国质量不佳的统计数据之间的矛盾也逐渐凸显，进一步限制了该领域一些先进的研究方法的应用。而现有的相关研究方法，通常因为受自由度的限制，无法容纳太多变量指标，并且通常只能采用同频数据进行研究，然而单一的指标并不能完全反映出经济运行的全部信息，极易造成估计结果的不准确。

面对风云多变的国际突变的冲击和我国翻天覆地的经济结构，我国货币政策有效性发生了怎样的转变？金融危机的冲击，经济新常态下的结构调整，新冠疫情的降维式打击，我国货币政策的实施应总结出怎样的经验，又该如何应对来减少损失？利率市场化改革的初显成效和货币政策工具的创新丰富，货币政策调控进入了一个新的阶段，货币政策从数量型向价格型转型的压力不断增大，是否价格型货币政策工具更适合现阶段我国的发展？不同货币政策工具如何配置才能发挥更好的效力？笔者正是带着这些疑问，开展了本次研究工作，尝试找到答案。

1.1.2 研究意义

步入千禧年至今，世界各国均经历了许多重大变化。尤其是 2008 年世界金融危机后，全球的中央银行都在为刺激经济增长做努力。各个国家为了达到央行货币政策的有效传导条件不断地采取创新措施，调整了货币政策的中间目标。我国央行也在不断推进利率市场化的同时，扩充调控工具。在不断推进的利率市场化改革面前，我国价格型货币政策工具对经济活动的影响是否得到了廓清？其有效性是否得到了提升？随之而来的，我国数量型货币政策工具的有效性是否随之发生了转变？价格型货币政策工具的有效性是否已经超过了数量型工具，成为调控的主要选择？面对纷繁复杂的国际局势和不断变化的国内经济环境，我国的货币政策都展现出哪些特征？经济步入新常态后，面对新的经济发展局面，我国的货币政策调控又何去何从？

带着这些亟待解决的问题，通过文献调研、文献计量、理论梳理、实证研究等多种方法，对比研究数量型货币政策工具和价格型货币政策工具的各自特点，对比分析不同货币政策工具长期以来的有效性的变化，研究货币政策如何更有效地传导至金融市场、实体经济，研究符合中国目前经济社会发展状态的货币政策工具。在理论层面，系统梳理我国货币政策有效性相关理论与文献，夯实该领域研究的理论基础，补充现有文献的不足。构建新的研究框架，为后续研究提供新的研究思路。在实践层面，本书通过实证方法研究出符合中国目前经济社会发展状态的货币政策工具，构建适合中国当前发展形势的货币政策实施框架，为经济新常态下，特别是疫情之后我国货币政策的调控模式提供科学支撑。

1.2 研究目标与内容

1.2.1 研究目标

本书旨在通过研究背景中对时事的分析，文献综述中对现有文献研究的分析，以及对国际经济体和我国的货币政策演变、利率市场化进程的梳理，找出现有文献中的研究不足，发现我国货币政策演变与利率市场化改革中的潜在问题。通过设定假设的方式对所发现的问题转变为本书拟解决的问题。通过构建新型的实证研究框架——混频因子扩充向量自回归模型（mixed-frequency bayesian factor augmented vector autoregression，MF-BFAVAR）以及增加了时变参数与随机波动的混频因子扩充向量自回归模型（time varying parameter stochastic volatility mixed-frequency bayesian factor augmented vector autoregression，TVP-SV-MF-BFAVAR）。以期填补前人研究方法的空白，获得更好的研究效果。本书利用了三种不同频率（季度、月度、日度），共计 73 个指标，跨度 20 年的大量数据，来研究我国货币政策有效性的转变与应对不同经济环境变换时的选择，以期得到更好的研究效果。

1.2.2　研究内容

第 1 章为绪论。系统梳理在应对不同经济大环境的无常变化时，世界主要经济体的一系列货币政策调控方法。同时陈述我国货币政策调控能力也在发生巨大转变的事实，我国央行在积极创新各类货币政策调控工具，扩充宏观调控武器库，这也意味着我国货币政策有效性持续发生着改变。同时，在金融危机之后，国际和国内大环境纷繁复杂，越发多变，各种状况频发，而在经济步入新常态后，我国经济环境也发生了一定的转变。自步入千禧年以来，世界各经济体均经历了各种大起大落，在这期间，我国货币政策有效性发生了怎样的转变？而在面对不同的经济状况时，不同的货币政策工具又表现出了哪些独有的特性？后续我国的货币政策又该如何选择？本书将尝试找到这些问题的答案。

第 2 章为文献计量与研究综述。利用文献计量的方法和 Citaspace 软件，对国际 SCI-E 和 SSCI 数据库中，有关货币政策的相关文献进行了系统的梳理，以及知识图谱与动态演进历程的分析。找出研究聚类主题演进历程的同时，发现研究的核心文献与关键词，探索未来该研究领域的研究趋势。然后分别针对价格型货币政策和数量型货币政策，深入分析不同货币政策的国内外研究文献；对相关研究方法、货币政策有效性时变特征、利率市场化和财政支出有效性分别进行文献调研，为后文实证研究提供理论支撑。

第 3 章为货币政策有效性理论分析与演变历程。首先，本章对文章研究所涉及的相关概念进行了廓清，明确研究目标和评判标准。其次，分别探究了数量型和价格型货币政策有效性的相关理论内容，为后文展开实证研究提供理论基础。再次，分别梳理了国际发达经济体和我国的货币政策转型以及利率市场化演进历程，为后文实证研究奠定研究基调。最后，通过本章的理论分析，结合第 2 章的研究综述，提出了贯穿全书的研究假设，为后文实证研究指引了方向。

第 4 章为基于混频数据的我国货币政策有效性评价。旨在基于前人研究经验的基础上，通过构建新型研究框架——混频贝叶斯因子扩充向量自回归模型（MF－BFAVAR），囊括大规模的、不同统计频率的经济变量指标数据来进行实证研究。新的研究框架在尽量涵盖更多有用信息的基础上，以期填补了前人研究的空缺。本书以此来研究我国货币政策有效性，以期能够解答研究问题，并得到准确且有意义的研究结果。

第 5 章为我国货币政策有效性的时变特征研究。为了更好地进行实证观测，将在第 4 章构建的研究框架基础上，加入时变参数和随机波动，构成创新的 TVP－SV－MF－BFAVAR 研究框架，并结合前文理论分析结果，提出新的研究假设，沿用第 4 章构建的指数数据，刻画三维的脉冲响应图，以期更好地观测我国货币政策的时变特征。

第 6 章为货币政策对实际经济活动影响的有效性及时变特征研究。在第 5 章构建的 TVP－SV－BFAVAR 的新型研究框架的基础上，引入更多的指标数据，构建财政政策指数，以及资本市场、房地产市场和实体经济三项实际经济活动指数，来探究我国货币政策对实际经济活动影响的有效性和时变特征，以及与财政政策的联动效应。

第 7 章为结论与建议。是对全书研究的总结和升华。首先，对全书研究结论的有机总结，提炼结论，同时也是对文首提出的一系列问题的解答。其次，本书针对全书研究内容和结论，提出政策建议。最后，对本书的研究不足以及对未来研究的展望进行了评述。

1.3　研究技术路线

本书技术路线如图 1.4 所示。

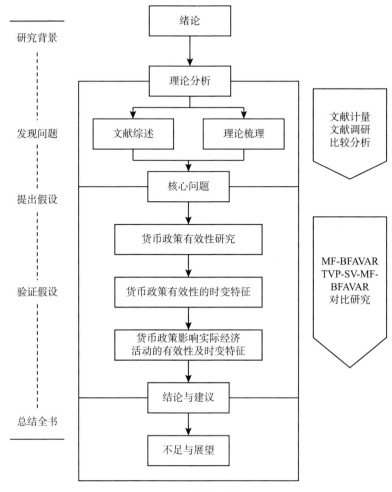

图 1.4　技术路线

1.4　研究创新点

（1）在理论研究上，本书在前人研究所构建的理论模型基础上，创新地应用动态因子模型来构建货币政策指数，替代原有的单一指标的货币政策变量，以期得到更好的研究效果；在理论模型中，加入财政支出政策指标，可以更方便地研究宏观经济调控政策的联动效果。同时，本书还系统梳理了世界发达经济体的货币政策演变历程，总结转型的成功经验。也对我国的货币政策演进历程进行总结，并对未来的发展提出展望。结合上述理论分析，提出合理的研究假设，为后文实证研究作铺垫。

（2）在研究方法上，本书融合动态因子模型、混频思想及贝叶斯推断，以因子扩充向量自回归模型为基准，构建了新型的 MF – BFAVAR 研究框架，来研究我国货币政策有效性的变化。而后为了更好地研究货币政策有效性的时变特征，本书在该研究框架的基础上，加入了时变参数与随机波动，构建了新型的 TVP – SV – MF – BFAVAR 研究框架。在更好地进行实证研究的同时，改进了原有的相关研究方法。得益于本书所构建的新型研究框架，不同于已有文献的两期数据混频，本书创新性地纳入了季度、月度和日度的三期混频数据。同时，本书还创新地采用文献计量的方式，系统地梳理了货币政策有效性相关研究的动态演进历程，并分主题深入分析了相关文献的研究综述。

（3）在实践应用上，与热点问题相结合，本书积极响应针对新的热点问题的探讨，对不同的情景分别进行了深入的分析探讨。为匮乏的相关领域研究提供了新的研究内容，为相应情景的政策制定者提供了理论支撑。

第 2 章

文献计量与研究综述

2.1 货币政策有效性文献计量分析

从历史看来，每一次对经济运行产生重大影响的国际变化，都会导致相应的货币政策调整，各国央行也会依据宏观经济形势的变化，不断大胆地创新货币政策工具。学术界也会紧随其后，为政策制定者出谋划策。2008 年全球性金融危机爆发以来，货币政策相关的文献发表数量和质量都得到了长足的发展（见图 2.1）。这说明货币政策在应对经济状态转变时起到了重要的调控作用。

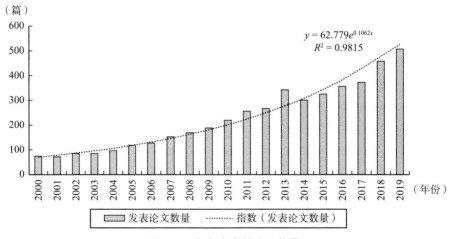

图 2.1　各年发表的论文数量

文献综述和文献计量是探索某领域或学科知识框架的两种重要的方法（Acedo and Casillas，2005；吴小节等，2018）。文献计量学是量化研究文献的方法，可以通过描绘不同类型的网络图谱来总览某一特定研究领域，在展现某领域或学科研究现状、辨识领域内重要的期刊与学者、勾画出学科领域的知识结构以及追踪领域发展的动态演化趋势等方面发挥了重要的作用，已得到学术界的广泛关注和认可。而相较于传统的专家学者评议的综述方法，文献计量的研究方法在这些方面存在较明显的优势（Chen et al.，2014；Kim and Chen，2015，Alexandre et al.，2016）：一是文献计量方法研究的范围、时间的跨度更广，可以容纳更大量的文献和相关研究主题；二是文献计量方法不受专业知识的限制；三是文献计量方法可以挖掘研究文献更多的信息。

文献计量研究方法已经在经济学领域得到了一定的应用，但大多关注国内相关领域，缺乏从量化角度对货币政策相关研究文献的分析。在此背景下，本书通过文献计量的方法，运用 CiteSpace 软件对 2000～2019 年 Web of Science 的 SCI‐E 和 SSCI 数据库中探究货币政策有效性领域的文献进行了分析。意在描绘该研究领域的研究概况，编织知识网络，发掘高贡献的国家和科研机构，寻找核心作者和里程碑文献，识别和分析研究热点演进过程，以期填补相关研究空白，为货币政策领域学术研究提供有价值的见解，为后续研究者全面了解货币政策研究领域、把握该领域的研究发展脉络和网络知识结构、探寻未来研究的着力点提供启发。

2.1.1 检索词与数据筛选

1. 检索词选取

在进行数据收集之前，需要对检索词进行选取。通常都是由目标研究领域或现有的搜索定义作为检索词。然后用得到的检索式在 Web of Science 数据库中进行检索。由于本书的主要研究目标是货币政策有效性，因此，本书的检索词为"monetary polic*"&"effect*"，其中"*"代表字母后的任意表达方式。

2. 数据筛选

数据筛选遵循以下几个步骤：第一，本书选用的数据库来源于 Web of Science 的 SCI - E 和 SSCI 数据库。该数据库作为国际学术界公认的和全球最大的期刊引文索引数据库，收录了 9000 多种学术期刊，完全涵盖了发表制度逻辑研究论文的国际主流学术期刊。第二，数据选取的起止时间为 2000 年 1 月 1 日~2019 年 12 月 31 日（数据获取时间为 2020 年 2 月 8 日），共计 20 年。第三，依照前文陈列的检索公式，采用"主题"检索——"主题"（包含文章标题、关键词、摘要以及派生关键词）检索方式，可以获取更多有代表性的文献，可以保证文献样本具有较高的关联性和丰富性。此时得到初步检索文献共计 5118 篇。第四，在利用所选取的检索式进行主题检索时，不可避免地会得到一些不相关的结果。为使检索结果更贴合研究主题，本书进行了二次人工筛选，筛除了研究主题为"Environment""Energy Fuels""Geography""Food Science"等明显不相关的类目，得到共计 4925 篇文献。第五，在此基础上，本书根据文献类型进行了第三次筛选，去掉了"Proceedings Paper""Meeting Abstract""Note"等文献类型，筛选出"Article"4759 篇和"Review"36 篇，共计 4795 篇文献。第六，再通过 Citespace 软件检验重复，确认原数据没有重复的文献，因此，最终有 4795 篇文献进行后续研究。

由于在 Web of Science 的统计中，各个国家和地区均分开统计，因此，在本书的讨论中，英国（United Kingdom）的英格兰（England）、苏格兰（Scotland）、威尔士（Wales）以及北爱尔兰（Northern Ireland）均分开探讨。

2.1.2　文献外部特征与社会网络分析

1. 整体趋势分析

自 2000 年以来，货币政策有效性相关文献增长较为迅速（见图 2.1），体现出近 20 年来学术界对货币政策有效性的相关研究文献关注度在逐年增加。在 2000 年收录在 SCI - E 和 SSCI 数据库中的相关文献大概有 75 篇，2019 年已经达到了 517 篇，年均增幅达 28.8%。

在本书的样本时间内，发文量指数拟合曲线的 R^2 为 0.9815，说明货币政策有效性的研究量级曲线近似为指数函数，表现出财政支出的研究量级呈指数型增长趋势。

2. 主要国家和研究机构的发文对比

2000~2019 年，美国以 1615 篇的发文量领跑各国，占比高达 33.68%。英格兰以 633 篇的发文量排在第二，占比为 13.20%。德国以 537 篇的发文量，占比为 11.20%。其余各国发文量占比均在 10% 以下。其中，中国排在第五，发文量为 298 篇，占比为 6.22%，如图 2.2 所示。

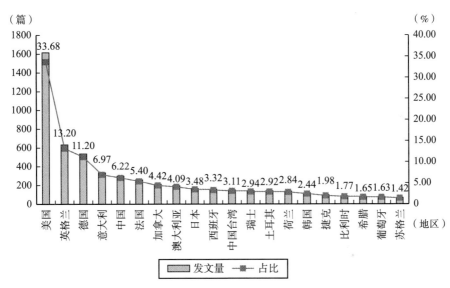

图 2.2　发文量前 10 的国家统计

3. 发文研究机构对比

所获取的数据总共涉及了 2199 个机构。其中来自美联储系统（Federal Reserve System，USA）的文献最多，共计 503 篇，贡献了 10.49% 的发文量。前十名机构均被欧美国家包揽，总共发文 1457 篇，占比高达 30.38%（见表 2.1）。

表 2.1　　　　　　　　　　发文量前 10 的机构统计

排名	研究机构	发文量（篇）	占比（%）
1	美国联邦储备系统	503	10.49
2	欧洲中央银行	148	3.09
3	美国经济研究局	147	3.07

续表

排名	研究机构	发文量（篇）	占比（%）
4	伦敦大学	145	3.02
5	国际货币基金组织	144	3.00
6	加州大学系统	102	2.13
7	英国经济政策研究中心	97	2.02
8	伦敦政治经济学院	67	1.40
9	法国国家科研中心	52	1.08
10	经济政策研究中心（英国）	52	1.08

我国在 SCI – E 和 SSCI 数据库中记录的在货币政策有效性发文量前 10 的机构如表 2.2 所示。中国人民大学以 25 篇占据榜首，10 所机构共计发文 156 篇，占中国发文量 298 篇的半数以上。

表 2.2　　　　　　　　　　　　**中国发文量前 10 的机构统计**

排名	研究机构	发文量（篇）	占比（%）
1	中国人民大学	25	0.52
2	中央财经大学	19	0.40
3	复旦大学	17	0.35
4	中国海洋大学	16	0.33
5	清华大学	16	0.33
6	西南财经大学	15	0.31
7	香港科技大学	14	0.29
8	香港中文大学	12	0.25
9	湖南大学	11	0.23
10	岭东大学	11	0.23

4. 文献作者分析

在本书所分析的数据中，涵盖了共计 6138 位学者。表 2.3 列出了在货币政策有效性领域最高产的 10 位学者。2000 ~ 2019 年，总发文量最多的作者是索萨（Sousa），总共发表了 24 篇文献，共被引 532 次，H 指数为 14。H 指数最高的是弗拉茨舍（Fratzscher），平均每篇被引次数高达 38.20。其中，中国最高产的作者是来自青岛大学的苏志伟（Su Chi－Wei）教授，共计发文 15 篇，共被引 23 次。

表 2.3　　　　　　　　　　　高产作者统计

排名	作者	发文量（篇）	被引次数	平均被引次数	H 指数
1	索萨（Sousa R M）	24	532	22.17	14
2	古普塔（Gupta R）	21	120	5.71	6
3	弗拉茨舍（Fratzscher M）	20	764	38.20	16
3	金素英（Kim S）	20	657	32.85	8
5	尔曼（Ehrmann M）	15	522	34.80	12
5	穆勒（Muller G J）	15	436	29.07	10
5	苏志伟（Su C W）	15	23	1.53	3
5	桑顿（Thornton D L）	15	153	10.20	8
9	迪·巴托洛梅奥（Di Bartolomeo G）	14	43	3.07	4
10	阿瑞斯特斯（Arestis P）	13	261	20.08	9

5. 期刊分析

本书数据共涉及了 396 个期刊，由表 2.4 可以看出，载文量最多的 10 个期刊中，有 5 个来自荷兰，美国和英国各两个，一个来自德国。值得一提的是，载文量前 10 的期刊共计载文量 1515 篇，占全部文献的 31.60%。

表 2.4　　　　　　　　　　载文量最多的 10 个期刊

排名	期刊	载文量（篇）	影响因子	JCR 分区	国家
1	*Economic Modelling*	207	2.056	Q2	荷兰
2	*Journal of Money Credit and Banking*	195	1.782	Q2	美国
3	*Journal of International Money and Finance*	193	1.780	Q2	英国
4	*Journal of Macroeconomics*	171	0.910	Q3	荷兰
5	*Applied Economics*	168	0.968	Q3	英国

续表

排名	期刊	载文量（篇）	影响因子	JCR 分区	国家
6	*Journal of Monetary Economics*	161	2.444	Q1	荷兰
7	*Journal of Economic Dynamics Control*	144	1.502	Q2	荷兰
8	*Journal of Banking Finance*	98	2.205	Q1	荷兰
9	*International Journal of Central Banking*	90	0.793	Q4	德国
10	*Macroeconomic Dynamics*	88	0.814	Q3	美国

6. 高被引文献分析

表2.5 展示了所获取的文献中，被引次数最多的前十篇文献，均来自欧美国家。其中，被引用次数最多的是克里斯蒂诺等（Christiano et al.，2005）发表于 *Journal of Political Economy* 上的一篇文献。该文献共被引1732次，平均每年被引123.71次，研究内容是货币政策与名义刚性和边际成本。

表2.5　　　　　　　　　　　**最高被引的十篇文献**

排名	作者	年份	期刊	被引次数（次）	年均被引次数（次）	国家
1	克里斯蒂亚诺等（Christiano et al.）	2005	*Journal of Political Economy*	1732	123.71	美国
2	斯梅茨和沃特斯（Smets and Wouters）	2007	*American Economic Review*	1303	108.58	德国
3	斯梅茨和沃特斯（Smets and Wouters）	2003	*Journal of The European Economic Association*	1163	72.69	德国
4	亚科维洛（Iacoviello）	2005	*American Economic Review*	671	47.93	美国
5	普利米切利（Primiceri）	2005	*Review of Economic Studies*	640	45.71	美国
6	伯南克等（Bernanke et al.）	2005	*Quarterly Journal of Economics*	605	43.21	美国
7	曼昆和雷斯（Mankiw and Reis）	2002	*Quarterly Journal of Economics*	584	34.35	美国
8	伯南克和库特那（Bernanke and Kuttner）	2005	*Journal of Finance*	552	39.43	美国
9	尤利格（Uhlig）	2005	*Journal of Monetary Economics*	524	37.43	德国
10	加利等（Gali et al.）	2007	*Journal of The European Economic Association*	475	39.58	英格兰

学者斯梅茨和沃特斯（Smets and Wouters）于 2007 年和 2003 年发表的两篇文献分别占据了第 2 名和第 3 名，这两篇文章分别利用 DSGE 和贝叶斯方法研究货币政策与通胀、产出、经济周期的关系，以及货币政策的不确定性。被引次数排名第 5 名、第 6 名的普里米切里（Primiceri，2005）和伯南克等（Bernanke et al.，2005）两篇文献，分别构筑新型的 TVP – SVAR 模型和 FA-VAR 模型来研究货币政策的有效性，这两篇文献也是本书实证章节着重参考的两篇核心文献。

2.1.3　研究主题动态演进与文献评述

图 2.3 展示了货币政策有效性领域的共被引聚类，通过主题的编号"#数字"，可以清晰地分辨出聚类主题的重要程度。图 2.3 同时展示了每个聚类主题的核心文献。图 2.4 的核心文献时间域图则展示了这些文献引领潮流的趋势时间。

图 2.3　文献主题聚类

其中，最大的聚类为一种实证模型 DSGE（#0 DSGE perspective），其核心文献为前文所分析的被引次数最多的克里斯蒂诺（Christiano，2005）以及伍德福德（Woodford，2003），均利用 DSGE 模型来仿真研究货币政策的调控效果。其余较大的聚类主题还有美联储政策（#1 federal reserve policy）、非常规货币政策（#2 unconventional monetary policy）、实证方法结构向量自回归（#3 structural var approach）、国际债券市场（#4 international bond market）等。

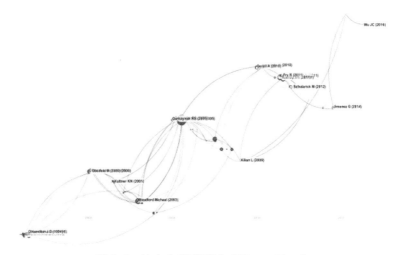

图 2.4　核心文献时间域（Time – Zone）

而从图 2.4 可以看出，最近"引领潮流"的是一篇来自吴和夏（Wu and Xia，2016）两位华人学者的文章，这篇文章研究的是在零利率背景下研究货币政策的宏观调控效力，构建了一种针对零利率时研究货币政策的方法，为后续学者对零利率货币政策的研究奠定了基础。

2.1.4　研究热点的突发性分析

热点文献的突发性分析：对文献的突发性趋势研究可以捕捉某一研究领域内一篇文献被引次数飙升的时间段，而这也往往意味着该文献引领了这一领域新一轮的研究趋势。表 2.6 列出了所获取数据中"引领风潮"最高的 20 篇文章。一篇文献的被引量突增意味着该文章曾经或正在受到该学术领域的特别关注，很有可能对该领域产生特殊贡献。我们选取其中极具代表性的文章进行分析，其中不包含综述类文献，因为这类文献并不影响研究主题的特征。

被引强度最高的是前文分析的聚类#0DSGE 方法的两篇核心文献，克里斯蒂亚诺（Christiano，2005）和伍德福德（Woodford，2003），其中，伍德福德（Woodford，2003）的文献自发表后两年起就开始被广泛引用，热度一直持续到 2011 年。而克里斯蒂亚诺（Christiano，2005）则在发表的第二年便开启了被广泛引用的"学术明星"模式，一直持续到 2013 年结束。而另一大主题聚类#1（美联储政策）的核心文献克拉里达等（Clarida et al.，2000）同样是在发表的第二年开启了被引用的热点模式，持续了 8 年时间。

表 2.6　　　　　　　　　　前 20 篇热点突变文献

被引文献	发表时间（年）	被引强度	热点起始（年）	热点结束（年）	2000～2019 年
克拉里达等（Clarida et al.，2000）	2000	34.1327	2001	2008	
伍德福德（Woodford Michael，2003）	2003	55.5922	2005	2011	
伍德福德（Woodford M，2001）	2003	24.0282	2005	2009	
斯梅茨和沃特斯（Smets and Wouters，2003）	2003	22.9788	2005	2009	
克里斯蒂亚诺等（Christiano et al.，2005）	2005	52.147	2006	2013	
斯梅茨和沃特斯（Smets and Wouters，2007）	2007	33.0146	2010	2014	
亚科维洛（Iacoviello，2005）	2005	24.9111	2010	2013	
伯南克等（Bernanke et al.，2005）	2005	24.9111	2010	2013	
尤利格（Uhlig，2005）	2005	21.2036	2010	2013	
加利等（Gali et al.，2005）	2005	17.0397	2010	2013	
伯南克等（Bernanke et al.，2005）	2005	17.0397	2010	2013	

续表

被引文献	发表时间（年）	被引强度	热点起始（年）	热点结束（年）	2000～2019 年
加利等（Gali et al.，2005）	2007	16.0375	2010	2014	
博伊文（Boivin J，2006）	2006	15.635	2010	2014	
西姆斯和查（Sims and Zha，2006）	2006	15.635	2010	2014	
格特勒和卡拉迪（Gertler and Karadi，2011）	2011	26.5303	2015	2019	
加尼翁等（Gagnon et al.，2011）	2011	21.1816	2015	2019	
吉米内斯等（Jimenez et al.，2014）	2014	16.1076	2015	2019	
克里斯蒂亚诺等（Christiano et al.，2011）	2011	16.1076	2015	2019	
吴和夏（Wu and Xia，2016）	2016	30.9223	2017	2019	

如今仍在热度期的五篇文献分别是：格特勒和卡拉迪（Gertler and Karadi，2011）、加尼翁等（Gagnon et al.，2011）、吉米内斯等（Jimenez et al.，2014）、克里斯蒂亚诺等（Christiano et al.，2011）以及前文提到的吴和夏（Wu and Xia，2016）。其中，格特勒和卡拉迪（Gertler and Karadi，2011）和加尼翁（Gagnon，2011）均属于聚类#2（非常规货币政策）的研究主题，并且同样发表于 2011 年，并同时在 2015 年开启了被引用热点。吉米内斯等（Jimenez et al.，2014）则属于聚类#5（市场规则），研究的是货币政策与信贷市场风险。克里斯蒂亚诺（Christiano，2011）则研究的是货币政策与财政政策联动调控的效应。

2.1.5 热点关键词的突发性分析

正如引文的聚类可以表明科研领域对某一特定文章的重视程度一样，聚类方法也可以将关键词聚类作为识别研究趋势的指标。表 2.7 展示了 WoS 核心库中，2000~2019 年财政支出领域聚类强度最高的前 20 个关键词及其动态演进过程。不难看出，2015 年是一个分界的时间点，在 2015 年之前的热点关键词的关注点在传统的货币政策理论研究中，例如，失业（unemployment）、资产价格（asset-price）、产出缺口（output-gap）、零利率下限（zero-lower-bound）以及通胀目标（inflation targeting）。而在 2015 年之后的关键词中则关注经济不确定性、发生的各类危机以及应对危机的措施，例如，全球金融危机（global-financial-crisis）、欧元区（Euro area）、不确定性（uncertainty）、量化宽松（quantitative-easing）以及非常规货币政策（unconventional monetary policy）等。可见，2015~2019 年的研究热点在于，总结近期发生的各类经济波动的经验教训，探寻如何避免或应对新一轮的经济危机。

表 2.7　　　　　　　　　被使用强度最高的 20 个关键词

关键词	使用强度	热点起始（年）	热点结束（年）	2000~2019 年
货币联盟（monetary-union）	15.12	2000	2004	▄▄▄▄▄▄▄▄▄▄▄ ▄
失业（unemployment）	15.80	2006	2014	▄ ▄▄▄▄▄▄▄ ▄
资产价格（asset-price）	20.87	2010	2014	▄ ▄▄▄▄ ▄
行为（behavior）	20.07	2010	2014	▄ ▄▄▄▄ ▄▄
产出缺口（output-gap）	16.84	2010	2014	▄ ▄▄▄▄ ▄
零利率下限（zero-lower-bound）	16.44	2010	2014	▄ ▄▄▄▄ ▄
通胀目标（inflation targeting）	15.64	2010	2014	▄ ▄▄▄▄ ▄
资产价格（asset price）	15.64	2010	2014	▄ ▄▄▄▄ ▄
非常规货币政策（unconventional monetary policy）	25.25	2015	2019	▄ ▄▄▄▄▄
全球金融危机（global-financial-crisis）	25.25	2015	2019	▄ ▄▄▄▄▄
欧元区（Euro area）	22.45	2015	2019	▄ ▄▄▄▄
银行贷款（bank-lending）	20.42	2015	2019	▄ ▄▄▄▄▄
金融危机（financial crisis）	19.78	2015	2019	▄ ▄▄▄▄
不确定性（uncertainty）	19.40	2015	2019	▄ ▄▄▄

续表

关键词	使用强度	热点起始（年）	热点结束（年）	2000～2019 年
动态随机一般均衡模型（DSGE model）	15.10	2015	2019	▬▬▬▬▬▬▬▬▬▬▬▬▬▬ ▬▬▬
危机（crisis）	15.08	2015	2019	▬▬▬▬▬▬▬▬▬▬▬▬ ▬▬▬▬
渠道（channel）	14.59	2015	2019	▬▬▬▬▬▬▬▬▬▬▬▬ ▬▬▬▬
量化宽松（quantitative-easing）	23.70	2016	2019	▬▬▬▬▬▬▬▬▬▬▬▬▬ ▬▬
影响（impact）	25.47	2017	2019	▬▬▬▬▬▬▬▬▬▬▬▬ ▬▬

2.2 数量型与价格型货币政策有效性研究综述

西蒙斯（Simons，1936）的标志性论文《货币政策：规则 VS 权威》（Rules versus authorities in monetary policy），阐明了货币政策工具规则的重要性这一观点，代表着货币政策工具规则登上历史舞台。基德兰和普瑞斯科特（Kydland and Prescott，1977）提出了动态不一致理论，即决策者的偏好随时间的变化而改变。与此同时，货币政策工具规则被各国央行认同（张龙，2018）。但随着货币政策工具规则的不断发展，学术界关于数量型货币政策工具和价格型货币政策工具有效性问题的争论也愈演愈烈。

2.2.1 数量型货币政策相关研究

一部分学者的研究成果认为，以广义货币供应量和基础货币为操作工具的货币政策具有更好的宏观经济调控效果。而这其中，弗里德曼和麦科勒姆（Friedman and McCallum）与他们各自的合作伙伴的一系列研究成果最具代表性。弗里德曼（Friedman，1956，1963，1969）针对美联储货币政策工具实施与通货膨胀等宏观经济指标波动的联系进行了一系列研究，分别利用多元回归和向量自回归等方法，来探析美国历次经济波动与货币供应量的动态关系，认为货币政策长期应钉住货币供应量而不是利率，并建议每年的货币供应量保持 4%～5% 的增长速度。在弗里德曼（Friedman）的研究成果的基础上，麦科勒姆（McCallum，1983，1985，1988，1997）利用多元线性回归和动态一般均衡模型等方法来研究货币政策有效性问题，结论认为，随着经济发展与技术进步，保持准确的货币供应量（M2）效果不佳，进而提出在经济稳态发展时，纳入产出缺口和货币流通速度因素加以衡量，基础货币供应量增速应等于名义GDP 目标值的增速与货币流通速度之差，即著名的"麦克勒姆规则"（McCallum Rule）。

另外罗默（Romer，1993）在研究中发现未预期的扩张货币政策收益是会受到开放程度的影响，如果开放程度增加则其随之而减少。伯南克和加特勒（Bernanke and Gertler，1995）通过多方面研究得出，利率的变化很容易导致外部的融资溢价，这样在经济发展的市场中，融资者受到的影响因素也在时刻发生变化，会导致利率渠道不断强化。布莱恩特和马祖科斯（Bryant and Martzoukos，1998）提出关于宏观经济模型之后，通过研究得出，经济开放程度越大，就会使得货币政策的价格效应大于产出效应。卡拉斯（Karras，1999）对三十八个国家就 1953 ~ 1990 年之间的 15 个面板数据分析之后得出，伴随经济开放程度的扩大，货币政策则会对产出的影响减小，但是对于价格的影响将会增大。泰勒（Taylor，2002）认为，发展中国家没有采取如工业化国家一样的货币政策，主要是因为发展中国家在经济方面还不够稳定，相关体制机制也不够完善，最终选择采取数量型货币政策是为了能够更好地适应现实状况，但是随着我国金融创新以及利率市场化方面的推进，将会造成数量型货币政策的失效局面。盖革（Geiger，2006）经过研究，补充其理论认为 M2 作为中介目标，处于较高的通货膨胀时就会导致国家就政策制定方面出现偏差；马伊诺和劳伦斯（Maino and Laurens，2007）研究得出，中国的经济处于不断的发展，再加之各种金融体系的不断完善以及技术上的成熟，中国的货币乘数存在着下降趋势，在我国支付体系、金融自由化以及技术进步等方面，造成货币供给量对产出产生了一定影响，影响程度在一定程度方面甚至不如利率。

实际上，在关于数量型货币政策的研究过程中，国内学者也迸发出了许多的思考，总结出来一些关于数量型货币政策的研究和文献资料。我国的研究者对数量型货币政策的调控效果分为支持派和反对派。支持派的研究有：谢平和罗雄（2002）通过将泰勒规则与我国货币政策相互结合在一起，从而最终得出泰勒规则能够应用到我国货币政策的相关结论中。盛天翔和范从来（2012）运用状态空间模型，得出了数量型工具可以对商业银行信贷方面产生影响，甚至可以对其进行调控，这远远超过了价格型工具的作用。持有相似观点的还有刘喜和、李良健和高明宽（2014），他们认为，数量型货币政策能够更快地处理经济变化方面的问题。在 20 世纪 90 年代末之前，就数量型货币政策而言基本在各个领域中都得到了认可，但进入 21 世纪后，伴随着我国经济的发展，经济金融环境方面产生了众多变化，针对近些年的数量货币政策方面出现了越来越多不同的声音，相关学者们都对此开始怀疑，有关数量型货币政策方面的讨论也越来越频繁，随之价格型货币政策在学术领域的研究以及探讨越来越多。林毅夫（2007）指出，在我国金融市场中存在许多问题，公平竞争缺失、法制不健全，这些问题都是造成我国价格型货币政策在现实实施过程中存在的约束，当出现数量型货币工具在调控过程中出现失效之时，政府就会介入干预。张（Zhang，2009）对我国货币和通货膨胀的数据走势进行对比整理后得出，所对比的两者数据显示从 20 世纪 90 年代的 0.8 下降至如今的 0.16，而与之相反的是利率和通货膨胀的关系，一直呈现上涨的趋势，从 0.16 到现在的 0.676，并且表明与金融深化存在联系性。周小川（2013）在研究中提出数量型工具和行政干预手段两者的结合能够促成政策合力，但同时也会造成负面影响，例如，政策力度过大、制度不完善以及政策效应不可把控等方面的问题。余华义和黄艳芬（2015）则通过 GVAR 方法，对货币供应量调整对东、中、西部房价波动的影响进行了实证研究，认为其对一线城市和东部城市的房价影响有效性更高。邝雄和张佐敏（2018）探讨了历史信息锚定预期对最优相机抉择和规则货币政策的制定和政策有效性的影响，结论认为，规则的货币政策有效性要好于相机抉择的货币政策。

2.2.2　价格型货币政策相关研究

也有部分学者认为，数量型货币政策工具的效果并不理想，以利率为主要调控工具的价格型货币政策调控效果更佳。西方世界经济发展较早，尤其在价格型货币政策工具方面更早的实践与社会中，凯恩斯（Keynes，1936）是第一位提出把利率当作货币政策工具使用的学者，他表示，国家银行在利率上的调整能够影响经济发展，抚平经济发展过程中的不稳定性，维护社会经济的发展。弗莱（Fry，1978）对发展中国家的数据进行收集整理，发现利率可以有效实现存储或者投资升值，从而能够推动经济不断提升。最著名的价格型货币政策利率当属"泰勒规则（Taylor Rule）"，泰勒（Taylor，1993）通过分析货币政策对长期的美国经济指标影响的探析，发现在长期只有实际利率、物价

（通胀）和产出这是哪个经济变量保持着稳定的相关关系，泰勒规则由此得来，即中央银行应当遵循一定政策的规律，也即利率的设定要同时钉住通货膨胀和目标产出。赫尔曼等（Hellmann et al.，1997）以信息不对称为基础，从而提出金融约束理论，并且得出通过利率干预能够实现经济的增长的结论。伍德福德（Woodford，2001）也通过了大量的研究分析得出，不仅需要利用公开市场操作以及准备金货币工具，与此同时还需要借助常备借贷便利和利率走廊系统，保障在无现金发展经济中怎样才能够实施利率走廊。怀特赛尔（Whitesell，2006）对于准备金制度和利率走廊系统两个方面采取综合性分析，试图寻找其中的平衡点，怎样才能够利用准备金制度实现控制利率，再加上利率走廊几何模型的延伸，最终实现地板系统。贝勒生和莫奈（Berentsen and Monnet，2008）首次把利率走廊这一概念放置在均衡结构中进行研究讨论，央行没有必要改变政策目标利率，因为可以通过对利率走廊区间进行改动，从而达到设定的目的。在 2011 年通过对公开市场操作模式以及利率走廊模式两者之间相互比较之后发现，数量型货币政策由于在原本存款准备金基础之上，其政策不具有有效性。马丁和莫奈（Martin and Monnet，2011）通过研究分析，设定出 Lagos – Wright 结构，基于均衡的研究结构之上，以此对比关于利率走廊和与公开市场操作这样的货币政策所带来的效益。同时指出，仅仅依靠利率走廊是不能保障金融资源合理分配的，利率走廊和之前的相比增加了社会福利。塞斯佩德斯等（Cespedes et al.，2003）在一些比较小的国家考虑到金融加速器和负债美元化的情况，从而得出研究结论，国家本币的贬值会联动着更大产出的损失，甚至会造成长期性的经济衰退。卡尔沃和莱因哈特（Calvo and Reinhart，2002）发现，因为债务美元化的情况，不仅造成企业很有可能因为此原因而破产，而且银行也存在这个风险。贝尔维索和米兰尼（Belviso and Milani，2006）设立了多个条件因素形成的 VAR 结构模型，经过分析，得出未预期货币政策对产出以及通胀等方面都存在影响。爱尔兰（Ireland，2011）通过设立关于凯恩斯 DSGE 结构模型，并且结合美国近些年来经济不理想状况的分析之后得出，未预期货币政策的冲击造成经济较为明显的波动。在利率传导层面，米什金（Mishkin，1996）、霍伯和曼（Hooper and Mann，1989）、托宾（Tobin，1969）、伯南克和格特勒（Bernanke and Gertler，1995）等相关研究学者着重分析了银行信贷渠道和信用渠道，通过上述渠道能够了解怎样影响实体经济中的投资和产出，但是其中缺乏关于政策利率与其他利率之间的联系性，其并没有相关论述，这是因为利率管制在发达国家取消的时间早，并且针对利率市场化推进时间也早，又因为各个金融市场当中相互之间存在的套利机会不多，市场利率变化自然、灵活，也就不会出现利率传导阻塞现象。

我国对于价格型货币政策的研究开始得较晚，学者真正充分的研究是在 20 世纪末，研究者们大部分都是在国外的理论基础上，进行更深层次的挖掘分析，所以在最近的几年间，对于这个理论也有了一些研究的结果与理论。谢平和罗雄（2002）经过多次调查研究，得出了泰勒的规则与我国国情比较贴合、适应，所以价格型货币政策未来在我国有极大概率实施。张和赵（Zhang & Zhao，2012）开始建构关于 DGSE 模型，并以此对比了央行利率和国家的货币政策，多次比较之后得出，货币数量的政策规则远远不及利率规则。马文涛（2011），建造关于金融加速器、工资黏性和消费惯性的 DSGE 模型，通过首次数据来比较每次不同货币政策法规下的经济反应，由此认为价格型货币政策比数量型货币政策的实施效果好。汪潘义（2014）在 DSGE 模型中，把金融加速器放入其中，在多个方面包括经济的波动、所受到的影响、社会的福利等，研究出在人民的社会福利之中，明显是价格型的货币政策表现得更好、更突出。孙国锋和蔡春春（2014）构筑了一种关于货币市场利率、央行对流动性的管理以及货币流动性的供求的研究模型，提出仅仅在结构型的货币流动冲击中，充分利用利率走廊就能够达到一定效果，恢复市场经济的平稳运行，一旦出现系统性的时候，单一的方法并不管用，需要的是公开市场的操作配合原有的利率走廊，以此维持经济的发展，达到既定的目的。刘义圣和赵东喜（2012）对于利率走廊建构了比较完整的理论框架，来讨论关于利率走廊和最优性对于货币市场的作用，进行几个概念的互相对比。王君斌等（2013）利用了结构向量自回归模型和动态随机一般均衡模型对两种货币政策进行了对比研究，结论认为，在同样的环境下，价格型货币政策比数量型货币政策工具表现得更好一些。还有不少的学者也得到了相同的结论，如李宏瑾（2012）、胡志鹏（2012）等。与之相反的，许多学者也对价格型货币政策工具能够充分发挥其有效性，优于数量型货币政策工具的调控效果持怀疑态度。例如，方成和丁建平（2012）通过对 1992～2011 年的时间序列数据，研究了两个货币政策的调控特点，以及其带来的经济变化的影响。李春吉和孟晓宏（2006）也得出了同样的结论，采用 VAR 模型来以中国的价格型货币政策的代表指标利率为研究对象，观测其与产出和通胀的脉冲响应。杨继平和冯毅俊（2017）通过马尔科夫结构转换 GARCH 模型研究了利率对股市波动的影响，认为利率调整在不同时期能够对股市波动产生不同的影响。上述文献均论证了，现阶段价格型货币政策对产出和通胀的影响存在争论，并不能认为其调控效果完全优于数量型货币政策。

2.2.3　混合货币政策有效性研究

　　除了对于这两种政策单一的赞同和反对的争论外，还有不少的研究者把这两种政策融合在一起进行看待，这是属于一种价格和数量上相结合的混合型货币政策。梅罗特拉（Mehrotra，2010）、张杰平（2010）都对之前两种单一的货币政策实行的规律进行了研究，经过对比与结合之后认为，混合型货币政策在极大程度上影响经济产出以及通货膨胀，得出混合型货币政策更加符合中国目前的发展状态。布莱格拉夫（Blagrave，2013）也提出与之类似的结论，认为建立混合货币政策框架制度是一种创新改革，可以保障准备金率划分在 GPM（global projection model）分析结构中，证实混合型货币政策确实更加符合我国现实状况。伍戈（2015）通过设置关于家庭、公司与央行的模型，利用混合政策规则，分析之后得出，当所给定产出的缺口为1%冲击时，混合模型在其他两种政策模型中是最好的，因为它上下浮动最小，同时还能以最快的速度返回到原来均衡水平中，对于经济的通货膨胀也是影响极小；在已有的1%的通货膨胀作用下，混合政策的产出缺口加上通货膨胀的波及范围都是最小的；混合型规则中社会经济福利与前两者相比之下损失较小。由于我国的经济正在关键发展转型时期，金融市场不够完善，所以利率市场化仍有必要进一步推进，对于货币政策传导机制而言还不够完善畅通，金融机构市场化运作还需进一步发展，价格型货币政策无法在现实金融经济中实现完全作用。当处于数量型货币政策工具在效率方面下降时，依然需要政府的公开操作来引导，以及专门的金融调节机构来调节，在利率上要时刻调整改动，开通利率传导渠道等方式对我国经济融资成本以及资金供求等方面进行调控。所以，通过利用"价""量"混合工具可以有效实现我国经济在数量规则方面的缺陷，让价格型的政策工具发挥优点，补充数量型缺点，是我国经济最佳的政策制定方式。

2.3　相关研究方法的文献综述

　　正如前文所述，实证研究中国经济与宏观经济政策调控是一个研究热点，而相关的研究方法也有很多，使用最为广泛、效果最好的依然是各类自回归模型。同时，受自由度的限制，典型的 VAR 模型只能包含寥寥几个变量，但官方的统计数据用一个指标通常无法完美地反映出全部的信息（例如，GDP 和产出、CPI 和通胀），这就极大地影响了模型的估计效果。由伯南克等（Bernanke et al.，2005）提出的利用 VAR 模型结合针对大量数据的因子分析模型所构建的 FAVAR 模型很好地弥补了这些不足。FAVAR 模型最大的优势就是在保持 VAR 分析功能的同时，摆脱了传统 VAR 模型变量数量的限制。再者，可以容纳更多信息的 FAVAR 模型更贴合央行和决策者们所面对的实际情况，可以将测量不准的问题减到最小。并且 FAVAR 模型更多的是侧重反映一系列指标变化的趋势，对数据本身要求不高。鉴于中国官方的统计数据质量不高，FAVAR 模型非常契合我们的研究需要。并且许多前人文献都证明了 FAVAR 模型在实证研究中具有良好的表现，即便是对于相对可靠的数据依然如此（Bernanke et al.，2005；He et al.，2013）。因此，FAVAR 模型在涉及宏观经济的研究中得到了广泛应用。

蒙塔兹和苏里科（Mumtaz and Surico，2009）沿用了伯南克等（Bernanke et al.，2005）的 FAVAR 方法，利用 17 个工业化国家的大量面板数据来研究异常冲击在全球范围的传导机制和对英国的影响。白和吴（Bai and Ng，2013）通过创新限定条件下的主成分分析法，来构建新的提取潜在因子的方法，进而提出了一种新的 FAVAR 模型。克雷斯和瓦西赛克（Claeys and Vasicek，2014）通过结合曲和培龙（Qu and Perron，2007）提出的 structural break test 和 FAVAR 模型，构建了新的冲击传导监测研究框架。并以欧盟 16 国的主权债券市场为研究对象，检测金融危机在这些债券市场上的传递途径。

其中也不乏针对中国货币政策的相关研究。例如，费纳尔德等（Fernald et al.，2014）论证了 FAVAR 模型对研究中国经济数据极好的适用性，并用该方法对中国的货币政策的传导途径进行了实证研究。研究结论认为，增加银行存款准备金将减少经济活动和通货膨胀。中央银行由于决定着利率的变动，对经济活动和通货膨胀有着直接的影响。中国的货币政策传导途径越来越贴近西方的市场经济。杨柳和黄婷（2015）通过构建 SFAVAR 方法，从外汇市场的角度探讨了我国货币政策的有效性。陶士贵和陈建宇（2016）利用伯南克等（Bernanke et al.，2005）构建的方法，对比研究了 2011 ~ 2015 年和 2006 ~ 2010 年的经济数据，发掘不同时期货币政策效果的差异。除货币政策外，FAVAR 也被应用于诸多其他领域的研究中，例如，识别煤炭市场冲击

（Chevallier，2011）、探寻油价影响因素（Aastveit et al.，2015）、加密数字货币市场的传导机制（Antonakakis et al.，2019）。

　　FAVAR 模型也延伸出许多新的方法。例如，整合了时变系数和随机波动的 Time - Varying Parameter Stochastic Volatility FAVAR 模型，例如，戴金平和刘东坡（2016）通过 TVP - SV - FAVAR 模型，对我国货币政策的动态有效性进行了实证研究，结论认为，自 2000 年以来，数量型与价格型货币政策对产出的调控有效性都出现下降趋势，但价格型货币政策对通胀的调控更有效。刘等（Liu et al.，2018）构建了 TVP - FAVAR 模型，来研究中国货币政策随时间推移的动态变化。结论认为，中国的货币政策具有时变特征。价格规则货币政策与数量规则货币政策各有优势，应根据不同的政策目标相机抉择。自金融危机以来，价格规则货币政策更适合中国社会的发展。

　　其中，TVP 的意思即为时变系数（time varying parameter），带有时变系数的 VAR 模型（TVP - VAR）最开始出现在克格雷和萨金特（Cogley and Sargent，2001，2005）以及普利米切利（Primiceri，2005）的实证研究中，并且迅速得到广泛应用，尤其是在宏观经济问题研究领域。TVP - VAR 方法可以方便且稳健地捕捉经济运行过程中的时变特征，在这个模型中，假定所有系数均符合一阶随机游走过程，也就是说，模型的系数均是随时间变化而变化的。

　　随机波动（stochastic volatility）是 TVP - SV - VAR 模型的重要组成部分。随机波动这个概念最早是由布莱克（Black，1976）提出的，但该思想在步入21 世纪后得到了进一步发展（Ghysels，Harvey and Renault，2002；Shephard，2005），在实证研究中也得到了广泛应用（Cogley and Sargent，2005；Primiceri，2005）。其中，普利米切利（Primiceri，2005）认为，如果只关注模型中系数的时变因素而忽视残差项的时变因素，将极易造成估计的不准确。若将随机波动与时变系数一同整合到 VAR 模型之中，则可以优化这种设定的缺陷（Nakajima，2011）。随机波动会使得模型估计更复杂，因为似然计算过程会变得十分冗杂，因此，一般采用贝叶斯推断中的马尔科夫链蒙特卡洛（MCMC）方法来替代似然估计过程。

　　时变参数的 VAR 模型在国内外的识别与预测领域中均有广泛的应用。在市场冲击识别领域，斋等（Chai et al.，2011）构建了 TVP - BVAR 模型来分析影响油价的核心因素。杰巴布里等（Jebabli et al.，2014）通过构建 TVP - SV - VAR 模型来研究冲击在国际的食品、能源和金融市场间的传递过程。龚和林（Gong and Lin，2018）构建 TVP - SV - SVAR 模型以分析全球原油供给和需求的冲击对中国宏观经济的影响，其结果认为，冲击效果是时变的。胡利琴等（2014）利用 TVP - VAR 模型研究了中国外汇市场压力的来源。在政策冲击识别领域，安东纳卡基斯等（Antonakakis et al., 2018）通过 TVP - VAR 模型研究了经济不确定性在美国、欧盟、英国、日本和加拿大等发达经济体之间的传导和溢出效应。加鲍尔和古普塔（Gabauer and Gupta, 2018）沿用该方法研究了美国和日本货币政策造成的内部冲击和外部溢出冲击。尚和埃森斯塔特（Chan and Eisenstat, 2018）通过研究美国货币政策冲击，对比分析了 TVP - SV - BVAR 和传统 VAR 模型的分析效果，认为带时变参数的 BVAR 具有压倒性的优势。孙焱林和张倩婷（2016）建立了 TVP - VAR 模型，以分析美联储加息对中国产出冲击的时变特征和结构性变动。

而应用 TVP - FAVAR 模型来进行实证研究的相关文献较少。在 SCI - E 与 SSCI 库中仅有 10 篇，知网数据库中的中文相关文章也仅有 11 篇。卡奇等（Kazi et al., 2013）利用 TVP - FAVAR 模型研究了 1981Q1 ~ 2010Q4 间，美国货币政策冲击对 14 个 OECD 国家的国际传导。克里斯托等（Christou et al., 2019）利用 TVP - SV - FAVAR 模型研究了美国房地产市场的不确定性冲击带来的影响。格洛克等（Glocker et al., 2019）利用 TVP - FAVAR 研究了英国财政支出乘数的时变特征。刘金全等（2018）利用 TVP - SV - FAVAR 模型研究了人民币汇率变动的价格传递效应。陈文静等（2019）同样利用该方法研究了货币政策对制造业刺激行业的动态传导效应。一些研究者也证明了带有时变系数和随机波动的模型在预测方面的效果也更好于固定系数模型（Bekiros, 2014；Gunter and Önder, 2015；Ruch et al., 2019；倪中新等，2016）。

此外，结合了 Bayesian Inference 的 Bayesian FAVAR 则展现出了更好的应用效果。例如，甘特和翁戴尔（Gunter and Onder, 2016）通过将 FAVAR 方法与 Bayesian 估计相结合，构建了 Bayesian FAVAR 模型，并利用 10 个谷歌分析网站获取的交通大数据，来预测维也纳实际抵达的游客。色拉提和维尼格尼（Serati and Venegoni, 2019）构建了新型的 Bayesian Time - Varying Parameters FAVAR，来研究欧元区的货币政策效果变化趋势。结论认为，两次危机都改变了欧元区货币政策的传导路径，无论是价格规则（利率）还是数量规则（信贷）。需要加强财政与货币政策的配合，以发挥最好的政策效果。

典型的 VAR 模型还有一个重大缺陷就是只能研究同频数据，而经济数据统计频率多种多样。宏观经济数据多为季度和月度数据，而金融市场数据统计频率更高一些。这导致传统的 VAR 模型无法涵盖更多的统计指标，将难以有效地反映出信息的全貌，因此，混频 VAR 应运而生。而混频的 Spirit 来自马里亚诺和村泽（Mariano and Murasawa，2003，2010）的两篇文章。这两篇文章在斯托克和沃特森（Stock and Watson，1988，1989，1998，2002）利用动态因子模型构筑一致因子文章的基础上，加入了极大似然估计，构筑了既包含月度又包含季度数据的混频动态因子模型。这也成为各类混频模型的起源，为后续的相关研究打下了基础。基于这两篇文章，混频模型在预测等领域也得到了长远发展。但不同的分支方法——MF - VAR 和 MIDAS 孰优孰劣在学术界一直争论不休。斯科菲尔德和宋（Schorfheide and Song，2015）利用季度和月度数据，融入 Bayesian 方法，构筑 Bayesian MF - VAR 模型，并与传统 VAR 模型和 MIDAS 回归方法进行比较，认为新方法表现更好。鲍迈斯特等（Baumeister et al.，2015）利用 MIDAS 回归模型和混频数据探寻了金融市场与原油市场之间的联系，认为周度的金融市场数据对月度的原油价格有指导意义，并据此对月度原油价格进行了预测。同时对比 MF - VAR 模型，认为有更好的预测效果。但综合来看，一般认为 MF - VAR 模型的评估效果受到自由度的制约（curse of dimensionality），所以有时略逊于 MIDAS 模型。但在同等限定条件制约下，MF - VAR 模型的表现更佳（Kuzin et al.，2011）。因此，倘若引入上文的 FA-VAR 模型，则问题可以迎刃而解。

　　然而通过本书的调研发现，虽然 FAVAR 和混频因子都延续了斯托克和沃特森（Stock and Watson）的 Spirit，然而利用混频数据结合 FAVAR 模型来进行研究的文献少之又少。在 SCI - E 核心数据库中，仅有两篇。芒什和吴（Moench and Ng，2011）利用主成分分析法提取潜在因子，利用混频数据结合 FAVAR 模型，探究了美国住房与消费之间的联系。马塞利诺和西维克（Marcellino and Sivec，2016）将 MF - VAR 模型延伸为 MF - FAVAR 模型，并融入蒙特卡洛的估算思想，以此对已有研究（Bernanke et al.，2005；Bernanke et al.，1997；Ramey，2011）进行了重新实证。结果证明，新方法改良了对冲击的识别能力，避免了信息缺失带来的有偏估计，有更好的计算效果。国内也仅有刘金全（2018，2019）的两篇文章分别对"新常态"下我国货币政策的选择和调控转型进行了实证研究。并且已有的文献均延续了斯托克和沃特森（Stock and Watson）最原始的两期混频方法（Quarterly and Monthly）。然而当今时代，每天各个部门都有大量的数据产生，高频数据与大数据呈井喷态势，旧的两期混频方法无法涵盖高频数据，将错失许多有用的信息。

2.4 货币政策有效性时变特征研究综述

通过对不同货币政策有效性的文献综述分析，结合有效性的评判标准，不难发现，学术研究中对货币政策有效性的评判均在于识别货币政策对产出和通胀的影响。而由于时变参数模型的起步较晚，因此，针对货币政策有效性时变特征的研究相对较少，米凯利斯和瓦茨卡（Michaelis and Watzka，2017）利用 TVP-VAR 研究框架，针对日本 1999~2000 年的零利率政策、2001~2006 年的量化宽松政策和近期的"安倍经济学"政策进行了货币政策有效性研究，结果表明，在量化宽松期间和"安倍经济学"施政期间，日本货币政策有效性有明显的时变特征，CPI（通胀）和 GDP（产出）对货币政策的响应展现出了明显的时变效应。

鉴于中国日新月异的经济环境和不断推进的货币政策改革，针对中国货币政策有效性时变特征的研究相对来说不在少数，但研究结论并不统一。戴金平和刘东坡（2016）利用 TVP-SV-FAVAR，基于中国 2000 年 1 月~2014 年 12 月的月度数据，对货币政策的动态有效性进行了实证研究，结果表明：货币政策对产出和通胀均有积极影响，但近几年调控的有效性整体有所下降，而价格型货币政策工具对通胀的控制效果更佳；同时，在对传导渠道的影响中，数量型工具对消费、投资进出口的影响效果较好，价格型工具则对外汇市场和股票市场的冲击较大。张等（Zhang et al.，2018）通过结合经典的 TVP-VAR 模型和数据挖掘方法（data mining technology）构建了 MI-TVP-VAR 研究框架，利用 1979~2014 年的月度数据，通过分析中国货币政策对 GDP 和通胀的冲击，来识别货币政策有效性的时变特征。结论认为，货币政策对产出和通胀的作用均呈现明显的时变特征，并在近几年有效性有所下降；同时货币政策对不同传导渠道的影响存在显著差异，对股票市场的影响作用较大，对实体经济有积极影响但存在延迟。刘等（Liu et al.，2019）利用 TVP-SV-FAVAR 实证研究了我国货币政策的动态有效性，研究结论认为，我国货币政策有效性呈现明显的时变特征，在金融危机之后，价格型货币政策工具有效性得到提升，数量型货币政策工具有效性有所下降。刘金全及其合作学者针对货币政策有效性的时变特征进行了一系列的研究工作，分别利用 TVP-VAR、DSGE、TVP-FAVAR 等方法，均对货币政策有效性的时变特征和传导渠道的时变差异进行了实证研究，结论认为，我国货币政策有效性存在明显的时变特征，调控效果与所处的经济运行阶段有关，在金融危机后应构建"价主量辅"的货币政策调控框架（刘金全和李书，2018；刘金全和张龙，2019a；刘金全和张龙，2019b）。

2.5 货币政策有效性影响因素相关研究综述

2.5.1 利率市场化相关研究综述

维克塞尔（Wicksell，1907）是自然利率的首先提出者，自然利率是凯恩斯学派重要思想起源之一，其主要特点是均衡研究框架，即将产品市场和货币市场合并研究。麦金农（McKinnon，1973）讲到了金融抑制和深化的理论，把扭曲的人为和金融压抑在管制利率低下和实际利率为负数时的实际利率点明出来是金融体系和经济效率低的主要原因。从一些不成熟的角度来说，赫尔曼等（Hellmann et al.，1997）也是金融约束理论的提出者，在一定的范围内把稳定的宏观经济和过低的通货膨胀率进行假设，最后得出结论，即在经济增长中政府控制实际利率也会产生巨大收益。在以发展中国家为研究对象的文献中，弗赖伊（Fry，1998）进行了大量研究并且表明，实际利率在经济增长中有着重大影响，实际利率的增长对储蓄的形成和投资的发展产生了巨大的帮助。宾斯瓦格（Binswanger，1999）在 20 世纪初期提出利率市场化，帮助管理通货膨胀和金融地窖，利用推动上涨的市场利率，引出金融资源从金融体系经济向实体经济的流动，从而真正实现虚拟到真实，完成宏观调控的一举两得。阿伦和盖尔（Allen and Gale，1999）的研究表明，利率市场化引起的高利率将对经济增长产生影响，日本、美国和东南亚的一些国家选择放宽的方法对货币政策进行应对，最后的金融危机结果就是流动性过剩和信贷过度扩张造成的。卡明斯基等（Kaminsky et al.，2003）将金融自由化，包括利率市场化、资本账户开放和贸易开放的相结合，研究28 个发达国家和发展中国家的数据后察觉，金融市场的繁荣—萧条周期在放松金融管制后短期内扩大，不过长期看来，金融自由化让金融市场更加稳定，并且使经济发展更上一个台阶。洛艾萨等（Loayza et al.，2006）详细分析了 60

多个国家（地区）在 20 ~ 21 世纪中期的利率市场化数据，并且认为，利率市场化和金融自由化对经济增长的积极影响远远大于对市场利率变动的负面影响，包含利率市场化、贸易自由化、资本流动开放等金融自由化对经济增长的积极影响，不过其带来的负面影响更大。短时间内，利率市场化和金融放松管制进一步扩大了金融市场的昌盛，时而久之，让金融市场的利率变得平稳，对提高经济发展更有利。罗梅罗 – 阿维拉（Romero – Avila，2009）分析了欧盟 15 个国家 40 年的面板数据，证明了资本账目开放和利率市场化对促进经济增长的作用较大。费兹奥格鲁（Feyzioglu et al.，2009）建立了一个垄断利率市场的模型，察觉到放宽利率上限规定对抑制投资有很大的帮助，在摄取存款方面中小金融机构产生了很大的影响，改善了金融媒体效率和货币政策传播机制。巴雷尔等（Barrell et al.，2016）利用弗雷泽研究所的自由经济世界数据库的数据，研究了利率市场化对 OECD 国家的银行业危机的影响，发现在 1980 ~ 2012 年利率自由化具有降低危机的效果，并且看来有利影响通过加强资本缓冲来起作用。结果表明，在控制自由化、资本充足率和流动性时，金融危机的主要驱动因素是房地产价格的上涨。

黄金老（2001）依据不同的持续风险时间，把利率市场化风险分为两个阶段，即阶段性风险和恒久性风险。本书所涉及的关于阶段性风险，其主要含义是指当利率放开管制最早时期，对于商业银行而言，无法在市场利率化环境之下存在，主要是为了减少金融风险，因此，具有系统性和阶段性特点。恒久性风险换言之就是利率风险，其有长期性以及非系统性特点。通过研究发现，利率风险控制和管理不仅需要商业银行的组织建设（ALCO）、风险识别技术和表内结构调整以及表外保值安排，同时还需要借助相关金融监管部门就弹性调控、标准化调整、透明性决策和市场激励政策等方面配合。徐爽、李宏瑾（2006）通过研究得出，利率管制无法促进资本积累。在利率市场化之下可以实现长期提高关于经济体的消费水平以及资本存量。易纲（2009）分析在改革开放 30 年以来，我国市场化利率变革的整个过程，对于双轨制在加快改革时所取得的成就，即放松利率管制为其中一方面，目的是促进金融机构的自主定价，其最终的目标是在变革中实现逐步"改革贷款利率下限和存款利率上限"。另一方面是发展和完善市场利率体系，建立全面的以 SHIBOR 为代表的短期基准利率和以国债收益率曲线为代表的中长期基准利率体系。在市场化利率变革加快过程中，改变调控理念和方法是央行不断完善的问题，利率在经济运行过程中起到了重要作用，如今是能够调整经济运行的方法之一。本书规划了下一阶段的市场化利率改革，而且进一步探讨了推进改革所需要的相关条件。巴曙松（2013）认为，伴随着我国利率市场化的步步深入推进，我国商业银行将会面临严重冲击以及巨大挑战。尤其是对于中小型商业银行而言，利率市场化后，随着优质企业对议价方面的能力的不断完善，可能造成传统信贷业务同行之间的竞争变得更加激烈。所以，中小银行需要通过提高自身经营能力和管理水平，为以后可以及时应对在实现业务结构调整和多元化经营中产生的问题，有必要利用自身所具有的优势（如自身区域特征或者业务审批速度快等），再根据中小企业在融资方面所具有的"急、少、短、频"的特点，全面发挥融资过程中中小银行在信息检索、融资谈判及融资后对中小企业的监督成本等方面的长处，全面发展中小企业融资业务，对中小企业融资环境进一步完善，从而进一步实现双赢。上述方面将是中小银行能够有效面对利率市场化挑战的有效解决方式。

也有部分学者通过 DSGE 的方法进行相关研究，例如，章上峰（2014）假设，关于开放的经济和资本完全自由流动层面，通过构建 DGSE 模型证实之后得出，在实现利率市场化之后，关于国内外货币政策加息的时候，在通过膨胀方面都出现良好的反馈信息，在名义利率上升的过程中，将可以更好地控制通货膨胀，对于外国货币政策加息方式可以导致本国货币的贬值，进而能够扩大出口，可以有效提高本国经济的增长。在面对科学技术的冲击之时，恰当的上调名义利率有助于加强产出刺激和降低通货膨胀水平，在利率市场化之后，一个国家的宏观经济将会越来越少地受到外来冲击影响，并且能够保障国内宏观经济有效性的提高。在 DSGE 模拟中，洪浩（2015）发现并提到，名义利率水平有很多不一样的特点，对于总产出和通货膨胀反映不同时外部货币政策冲击和技术冲击也会产生差距。伴随着上升名义利率，对宏观经济结构的优化和调整，将会使宏观经济就波动方面更加稳定。在利率市场化之后，受到数量型货币政策的影响，宏观经济所产生的冲击反映也随之加强，既为保障数量型货币政策的畅通，同时有效加强了货币政策。

2.5.2　财政支出有效性相关研究综述

研究货币政策，势必离不开针对财政政策的共同讨论。因此，本书虽以货币政策为主要研究目标，但在后文的实证模型中加入了"财政支出"作为财政政策的代理变量，同货币政策一起进行估计，以期探究货币政策与财政政策互相配合的"组合拳"联动效应。

唐文进等（2016）针对"2015 财政支出、收入分配与中国经济新常态"学术会议论文进行了综述研究，认为在中国经济新常态的背景下，从现代财政治理的角度对财政制度进行合理改革，同时通过财政手段进行收入分配的改革是未来可能的思考方向。坦齐和泽伊（Tanzi and Zee，1997）对财政支出和经济增长关系的相关文献进行了综述研究，得到的结论是财政支出对各国经济的长期增长有着根本性的影响。米尼亚（Minea，2008）对财政支出与经济增长关系的文献进行了综述研究。还有部分学者专注于财政支出的某一主题的研究。例如，马进（2006）对国内外财政支出结构优化相关文献进行了评述研究，指出了我国财政支出结构优化迫切需要解决的问题和探索的方向。王克强等（2006）及李洪涛（2008）分别对财政支出绩效评价的国内外研究状况和研究方法进行了综述研究，并对我国财政支出绩效评价工作提出参考建议。莫格和安森（Mogues and Anson，2018）针对国际农业财政支出研究所用研究数据进行了综述分析。格罗姆和拉维库码（Glomm and Ravikumar，1997）则利用一般均衡模型和世代交叠模型对财政支出领域相关问题的实证研究进行了复现和评述。不难看出，现有的财政支出综述类文献时间较久，且现有的这些文献综述仅仅描述了截至某一时期的财政支出的某一特定主题的研究现状，无法描绘与揭示财政支出研究的概貌、结构、内容的变化及趋势。

在 2008 年金融危机之前，财政支出的研究热点关注在财政政策与经济增长、瓦格纳法则、财政支出与通货膨胀、财政支出与经济全球化等。这也反映在这部分核心的参献中，例如，巴罗（Barro，1995）基于 1960～1990 年将近 100 个国家（地区）的数据，探究了通货膨胀、财政支出、货币政策、经济增长之间的联系；克内勒（Kneller，1999）等利用 1975～1995 年 22 个 OECD 国家的面板数据，研究了不同类型的财政支出和税收政策对经济增长的影响；伯恩赛德（Burnside，2004）等从工作时长和真实工资水平的角度对"二战"前美国财政支出冲击对经济的影响进行了分析。在金融危机之后，全球经济发展疲软，财政支出的重要作用逐渐显现，学术界也开始更加关注该领域。

工欲善其事必先利其器，在一个研究领域，有关该领域研究工具的文献大量出现，标志着研究的能力和范围开始增强，该领域将进入快速增长阶段（Persson et al.，2009）。相关文献中有关于基于贝叶斯估计（bayesian estimation）延伸出来的数量方法的引文占了较大篇幅。其中中心度最高的是来自庞培法布拉大学的加利（Gali，2007）发表的文献，利用基于贝叶斯的新凯恩斯模型分析了财政支出对提高消费具有积极作用。其他核心参考文献如弗尼（Forni，2009）等通过构建新型部门的动态随机一般均衡（DSGE）模型来评估财政支出冲击带来的影响；贝茨玛（Beetsma，2008）等利用面板向量自回归（VAR）模型研究了欧盟国家财政支出增加对贸易平衡和财政赤字带来的影响；芒特福德和尤利格（Mountford and Uhlig，2009）利用一种新的向量自回归（VAR）方法研究了财政支出冲击带来的影响。

财政支出领域的研究热点转变为财政支出乘数效应等主题的时间点是在2010年前后。而这也与前文所推断的结论类似，扩张财政支出的后续影响成为新的研究热点，财政乘数效应的相关文献数量和影响力猛增。该聚类中中心度最高的参考文献来自2012年加州伯克利大学的经济学教授奥尔巴赫和格罗德尼申克（Auerbach and Gorodnichenko，2012）发表的文献，该文分别测度了在经济衰退和扩张时的财政支出乘数。而该聚类中其他核心参考文献还有圣地亚哥大学的雷米（Ramey，2011）发表的两篇文章，利用标准 VAR 方法和 Ramey – Shapiro 方法对比研究了财政支出与提高消费和工资水平的关系，以及利用政府购买数据来测度财政支出乘数。伍德福德（Woodford，2011）利用新凯恩斯模型对影响财政支出乘数的关键因素进行了分析。以及探讨了财政支出乘数与名义利率的关系。

由表 2.8 可以看出，财政支出的核心文献巴罗（Barro，1995）被引量突增，从1998年开始，持续到2003年结束。而本书的数据文献集中被引最高的文献（Rodrik，1998）在发表的第二年（1999年）便开始受到特别的关注，一直持续到2006年结束。前文分析了文献布兰查尔德（Blanchard，2002）作为连接金融危机前后财政支出领域研究主题的"中间枢纽"，被引量突增出现在了2004~2010年，而这也与前文的分析结论相同。核心文献克里斯蒂亚诺（Christiano，2011）在金融危机结束后的2009年开始受到广泛关注，这股热潮持续到了2015年。同时发表在2011年的雷米（Ramey，2011）和克里斯蒂亚诺（Christiano，2011）的两篇实证文献，是本书所研究的相关文献中仅有的突发性强度超过10的两篇文章，分别在2012年和2013年被引量出现突增，一直持续到现在，这也体现了对财政支出乘数的实证研究，将会在未来一段时间内在财政支出研究领域内继续扮演重要角色。

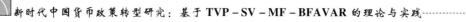

表 2.8　　　　　　1998~2018 年财政支出领域新兴研究文献动态演变

被引文献	年份	使用强度	热点起始（年）	热点结束（年）
巴罗（BARRO, EC GROWTH）	1995	4.8104	1998	2003
罗德里克（RODRIK, J POLIT ECON）	1998	4.3148	1999	2006
克内勒（KNELLER, J PUBLIC ECON）	1999	3.8422	2001	2007
布兰查尔德（BLANCHARD, Q J ECON）	2002	8.5961	2004	2010
坦齐（TANZI, PUBLIC SPENDING）	2000	4.0026	2004	2008
培森（PERSSON, MUNICH LECT ECON）	2003	5.1282	2007	2011
伯恩赛德（BURNSIDE, J ECON THEORY）	2004	4.9558	2007	2011
加利（GALI, J EUR ECON ASSOC）	2007	9.7396	2009	2015
芒特福德（MOUNTFORD, J APPL ECONOM）	2009	7.9272	2011	2018
柯根（COGAN, J ECON DYN CONTROL）	2010	4.7058	2011	2018
罗德曼（ROODMAN, OXFORD B ECON STAT）	2009	3.5347	2011	2018
雷米（RAMEY, Q J ECON）	2011	11.8297	2012	2018
克里斯蒂亚诺（CHRISTIANO, J POLIT ECON）	2011	10.0754	2013	2018
伍德福德（WOODFORD, AM ECON J – MACROECON）	2011	6.7242	2013	2018
罗默（ROMER, AM ECON REV）	2010	5.1675	2013	2018
雷米（RAMEY, J ECON LIT）	2011	4.7964	2013	2018
巴罗（BARRO, Q J ECON）	2011	4.7964	2013	2018
克嫩（COENEN, AM ECON J – MACROECON）	2012	3.9693	2013	2018
哈尔（HALL, BROOKINGS PAP ECO AC）	2009	3.4064	2013	2018
奥尔巴赫（AUERBACH, AM ECON J – ECON POLIC）	2012	9.7654	2014	2018
伊尔泽茨基（ILZETZKI, J MONETARY ECON）	2013	6.0067	2014	2018
罗德曼（ROODMAN, STATA J）	2009	3.3893	2014	2018
巴赫曼（BACHMANN, J MONETARY ECON）	2012	3.7089	2015	2018
艾格森（EGGERTSSON, NBER MACROECON ANNU）	2011	4.3924	2016	2018
中村（NAKAMURA, AM ECON REV）	2014	3.5643	2016	2018

　　而针对前文没有进行分析的新兴文献，艾格森（Eggertsson，2011）通过构建基于新凯恩斯模型的动态随机一般均衡（DSGE）对金融危机时期减税和财政支出冲击带来的影响进行了分析，该文章发表 5 年后（2016 年）才开始

出现突增被引用，可能代表了新兴的研究趋势。而巴克曼和斯梅茨（Bachmann and Sims，2012）发表的文章利用标准的结构向量自回归（SVAR）模型和非线性向量自回归（VAR）模型，对公众信心的影响是否是财政支出影响经济活动的重要渠道进行了实证研究，认为在经济不景气时期，财政支出的增加，公众对经济复苏的信心会增强。这篇文章自 2015 年开始出现大量被引风潮，这表明该文为后面研究财政支出的传导渠道提供了新的研究思路。

结合表 2.8 的趋势来看，伊尔泽茨基等（Ilzetzki et al.，2013）自 2014 年出现被引用突增，最有可能在近期成为最新的核心引文。该文章从国家特点（发展水平、汇率制度、贸易开放程度和公共债务水平等）的角度，利用 44 个国家的季度数据和 SVAR 方法，测度财政支出乘数，分析了财政支出冲击带来的影响。2019 年克拉克奖获得者中村（Nakamura）及斯汀森（Steinsson）于 2014 年发表的文献，以及巴赫曼和西姆斯（Bachmann and Sims，2012）发表的文献，已经自 2016 年起被大量引用，属于最新引起新兴研究趋势的文献。其中，中村和斯汀森（Nakamura and Steinsson，2014）对比研究了在封闭经济体和开放经济体中，财政支出的乘数效应。研究结果表明，在封闭的经济体中，财政支出乘数对于税收及货币政策高度敏感，而在开放经济体中则不然。这篇文章为后续研究财政支出的冲击和溢出效应提供了新的研究方法。

2.6 文 献 评 述

综上所述，现有文献对于利率市场化改革以及数量型和价格型货币政策调控的目的、影响的范围以及其操作的办法都获得了不少的成就。对于利率市场化领域而言，主流思想认为，利率市场化有利于经济稳定与经济发展，部分学者认为，利率市场化是经济危机的帮凶，会对中小型商业银行产生巨大冲击。对于数量型货币政策领域而言，研究结果普遍认为，随着经济的不断发展，数量型货币工具效果逐渐变差。对于价格型货币政策领域而言，绝大多数研究方法都是利用 DSGE 或与 VAR 模型结合进行研究，研究样本通常纳入的数据指标较少，无法完全反映经济运行的真实情况，而且针对价格型货币政策更适合当前阶段中国发展的研究结论来看仍存在不小的争议。另外，文献中针对经济步入新常态情景下，我国货币政策制定的相关学术研究相对比较匮乏。

从发展趋势来看，仍然需要在以下三个方面深入研究。

一是尽管诸多国家政府将价格型工具作为货币政策宏观调控的主要方法，但学术界对于两种方法的优劣仍存在分歧，应将货币政策调控理论、国际先进的理论经验和中国经济发展下的实际国情互相融合看待，从而找出一条适合中国目前经济发展的货币政策。

二是在货币政策研究的已有方法中，普遍存在数据量较少的问题，单一的经济指标并不能很好地展示出经济活动的全部信息。同时，大量的方法均采用同频的研究数据，导致许多重要的经济指标数据无法被纳入实证研究当中。这两种缺陷均容易造成实证估计结果的不准确。因此，探寻构建能容纳大量经济指标和混频数据的新型方法，是值得尝试的研究方向。

三是面对纷繁复杂的经济环境，现阶段的我国货币政策调控工具都展现出了哪些独有特质，在面对经济增速下滑，却又稳定发展的经济“新常态”，我国的货币政策应如何进行选择，又如何与财政政策联动发挥更好的效果，是值得探索的实际问题。

因此，分析过去历程中，我国货币政策有效性的变动，展现出来的调控特点，探索经济“新常态”下未来货币政策调控办法，制定联合调控框架，达到对于国家经济总数稳定和结构定向这样的最终目的，是日后关于宏观经济政策分析所需做的努力方向。

第 3 章

货币政策有效性理论分析与演变历程

本章对本书研究目标的概念进行了界定，对数量型和价格型货币政策有效性相关理论进行了分析，梳理了世界发达经济体和我国货币政策的演变历程。旨在结合前文文献综述，提出后文的研究假设，同时为前文研究背景进行详细阐述，亦为后文的政策建议提供理论依据。

3.1 概 念 界 定

3.1.1 货 币 政 策 有 效 性

货币政策有效性是指货币政策达到货币当局希望实现的目标的有效程度（李伟民，2002）。在实际经济运行中，货币政策的有效性体现在通过实施货币政策能够影响实际产出（李斌，2001；Christiano et al.，2005；Bernanke et al.，2005）。货币政策的有效性受诸多因素的影响。

1. 货币政策时滞

如果政策时滞有限，而且分布非常均匀，中央银行就可以预先采取措施。如果分布不均匀，中央银行的预测能力将下降，反周期的货币政策就会失去效力。

2. 微观经济主体的心理预期

在理性预期假定条件下，人们的心理预期变化将削弱甚至抵消货币政策的效果。

3. 金融制度变革

金融制度的变化会增加货币定义的困难，改变货币流通速度，改变人们货币需求的利率弹性。它还可能使国际金融市场的变化迅速传导到国内，增加货币政策控制的难度。

4. 外部因素

经济体系中还存在着无法控制的"外部冲击"，如政治变动、石油价格上涨、技术革命，都有可能影响货币政策的有效性。

3.1.2 货币政策有效性的评判条件

要分析政策的有效性，就要分析政策会对经济产生什么样的冲击，即对经济系统进行冲击响应分析（刘斌，2001）。而判断货币政策有效性是否有效，主要取决于以下三个条件：（1）货币能否系统地影响产出（李斌，2001）。（2）货币与产出之间是否存在稳定联系（Bernanke et al.，2005）。（3）货币当局能否如其所愿地控制货币（刘斌，2001）。

3.1.3 货币政策的时变特征

货币政策在某一时期对经济目标可能起到很好的稳定作用，而在另一时期，可能会产生较强的加速波动作用。即数量型和价格型货币政策的有效性会随着时期的不同发生变化，会随着经济环境变化和货币政策传导机制变化而变化（刘金全和张龙，2017；张龙，2018）。

3.2 货币政策有效性理论分析

3.2.1 数量型货币政策有效性理论

根据前文的文献梳理可以得出，弗里德曼（Friedman）是最早开展数量型

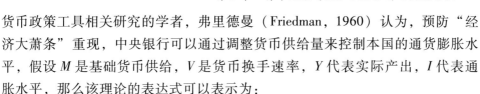

货币政策工具相关研究的学者，弗里德曼（Friedman，1960）认为，预防"经济大萧条"重现，中央银行可以通过调整货币供给量来控制本国的通货膨胀水平，假设 M 是基础货币供给，V 是货币换手速率，Y 代表实际产出，I 代表通胀水平，那么该理论的表达式可以表示为：

$$MV = YI \tag{3.1}$$

取对数后可以得到：

$$\Delta \ln M = \Delta \ln Y + \Delta \ln I - \Delta \ln V \tag{3.2}$$

$\Delta \ln M$、$\Delta \ln Y$、$\Delta \ln I$ 和 $\Delta \ln V$ 则在经济意义上代表了上述各个变量的同比增速。通过对式（3.2）进行分析可以看出，如果货币的流动速度和经济增长速度不变，那么理论上通货膨胀水平就是名义货币供给的变动。

弗里德曼（Friedman，1968）通过对美国的数据进行研究，发现美国的产出增速基本保持不变，而货币流通速率基本以年均 1% 左右的速度衰减，那么这样一来，只需要让货币供给速度保持在 4 个基点，就可以保证物价水平不变，实际上，美联储的长期均衡物价增速在 2% 左右，这意味着基础货币供给增速在 6% 左右。这一观点能很好地拟合美联储的货币投放过程。单一增长率原则虽然极为简单，但是其为人们研究货币与通胀之间的关系奠定了研究基础。

从 20 世纪 70 年代初开始，美国货币当局就采用弗里德曼的政策主张，以保持稳定的货币增长率。从实际效果看，在此后近十年的时间内，货币增长率相对稳定，但产出和通货膨胀却出现了剧烈波动，这一理论的适用性也在逐渐减弱（葛结根和向祥华，2008）。而后麦科勒姆（McCallum，1988）在对弗里德曼规则进行修正的基础上，提出了著名的麦科勒姆规则（McCallum Rule）。麦科勒姆（McCallum，1988）指出：货币流通速率的测定难以准确度量，并且假设其不变更缺乏合理性，那么，单一增长率规则将与现实逐渐偏离。实际上，许多国家的经验表明，各国货币流通速度在不同的经济发展阶段会产生相应变化，而不同国家体制的差异也从根本上决定着这一假定会与事实相悖。特别是金融创新改变了货币流通速度，进而影响了实际的基础货币增长率。因此，麦科勒姆（McCallum，1982）对单一增长率规则进行了改进：（1）央行应以基础货币作为工具，而不是社会总体的货币供应量（非央行可以直接控制的工具，也非货币政策目标）；（2）考虑了货币流通速度的变化；（3）把稳定名义收入（即包含了通胀水平）作为货币政策的最终目标。

根据名义收入与实际收入和价格水平存在着恒定函数关系，即名义收入 =

实际收入×价格水平：

$$X_t \equiv P_t \cdot Y_t \tag{3.3}$$

对式（3.3）两侧取对数得：

$$\ln X_t \equiv \ln P_t + \ln Y_t \tag{3.4}$$

再以小写字母形态表示对数形式，则：

$$p_t \equiv x_t - y_t \tag{3.5}$$

同时麦科勒姆（McCallum）对经济增长的假设与弗里德曼（Friedman）一致，即真实收入增长是劳动力增长和技术进步的结果，因此，真实的经济增长是稳定的，独立于名义收入之外，而名义收入与价格水平存在着正相关关系。基于此，麦科勒姆总结出麦科勒姆规则如下：

$$\Delta b_t = (\Delta y_t^f + \Delta p_t^*) - \Delta v_t + \lambda(x_{t-1}^* - x_{t-1}), \quad \lambda > 0 \tag{3.6}$$

其中，b_t 是基础货币的对数形式，Δb_t 则是基础货币对数的变动，即基础货币从（$t-1$）期到 t 期的增长率，Δy_t^f 表示在充分就业条件下的经济增长率，Δp_t^* 表示货币当局制定的目标通货膨胀水平，（$x_{t-1}^* - x_{t-1}$）代表实际收入与名义收入之差，λ 是基础货币对产出缺口的反应系数。彼时美国的长期经济增长率在 3%，同时麦科勒姆在研究中假定通货膨胀目标值为 0，则名义 GDP 增长率为 3%，对 3% 转化为季度值并取对数后为 0.00739，并且麦科勒姆对 λ 赋值为 0.25，那么式（3.6）可以转化为：

$$\Delta b_t = 0.00739 - \Delta v_t + 0.25(x_{t-1}^* - x_{t-1}) \tag{3.7}$$

式（3.7）便是麦科勒姆规则的最初形态。

在后续的研究中，朱迪和慕特勒（Judd and Motley，1991）又在此基础上进行了扩展，将名义收入目标分解为实际产出目标与通货膨胀目标：

$$\Delta b_t = (\Delta y_t^f + \Delta p_t^*) - \Delta v_t + \lambda[(y_{t-1}^f - y_{t-1}) + (p_{t-1}^* - p_{t-1})] \tag{3.8}$$

实际上，随着研究的不断深入与金融体系的不断发展，基础货币已经很难度量货币政策的执行状况，西方发达经济体普遍开始采用利率作为货币政策的调控工具，因此麦科勒姆和尼尔森（McCallum and Nelson，1999），将数量规则更改为价格规则。

3.2.2 价格型货币政策有效性理论

价格型货币政策有效性理论最著名的当属泰勒规则（Taylor Rule），泰勒规则的研究最早源于美国，20 世纪 90 年代以来，美联储逐渐退出了数量调整模式，改为使用利率调控作为货币政策调控的主要工具，这使得有关货币数量论的讨论迅速降温，而人们也逐渐开始关注和研究美联储名义利率调整的规则与机制，此后，泰勒规则应运而生，并被后续许多研究者所沿用。泰勒指出：泰勒规则不是一个固定的公式，它是货币当局对当前经济形势进行解读后（主要是产出、通胀）系统化地按照某一规则进行的货币政策调控，然而随着经济形势的不断发展抑或是在经济周期的不同阶段，其相应的调整原则都可以发生灵活改变（Taylor，1993）。其基础表达式可写为：

$$i_r = r^* + \pi_i + \alpha(\pi_i - \pi^*) + \beta \tilde{y}_i \qquad (3.9)$$

其中，i_r 是名义联邦基金利率，r^* 表示均衡状态下的实际联邦基金利率，π_i 表示前四个季度平均通货膨胀率，π^* 表示目标通货膨胀率，$\tilde{y}_i$ 表示产出缺口，即实际 GDP 偏离目标 GDP 的百分比。根据式（3.9），当 $\pi_i > \pi^*$ 或 $\tilde{y}_i > 0$ 时，联邦基金利率 i_r 便会上升，而当 $\pi_i = \pi^*$ 或 $\tilde{y}_i = 0$ 时，联邦基金利率等于均衡的联邦基金利率和目标通胀之和，即：

$$i_r = \delta + (1 + \alpha)\pi_i + \beta \tilde{y}_i \qquad (3.10)$$

其中，$\delta = r^* - \alpha\pi^*$。根据实际利率 $r_i = i_i - \pi_i$，式（3.10）可以转换为：

$$r_i = \delta + \alpha\pi_i + \beta \tilde{y}_i \qquad (3.11)$$

式（3.11）的参数反映的是货币当局的偏好，$\alpha > 0$，则是稳定经济的条件。如果 $\alpha < 0$，那么通货膨胀率的上升将导致实际利率的下降，并会刺激产出增加。这同时也表明了式（3.10）中的名义利率规则中，通胀系数必须都大于 1 才能保持经济的稳定。

泰勒（Taylor，1993）对美联储的利率以及产出和通胀数据进行多年跟踪后发现，如果将设定为 2% 左右，而将长期通货膨胀预期也设定在 2% 左右，那么当 α 和 β 分别取 0.5 和 0.25 时，这一模型能够较好地拟合 1987～1992 年美联储的利率操作。此时根据美国的状况，式（3.11）可表达为：

$$r_i = r^* + 0.5(\pi_t - \pi^*) + 0.5y_t \qquad (3.12)$$

泰勒规则启发了货币政策的前瞻性。如果中央银行采用泰勒规则，货币政策的抉择实际上就具有了一种预承诺机制，从而可以解决货币政策决策的时间不一致问题。只有在利率完全市场化的国家才有条件采用泰勒规则（谢平和罗雄，2002；卞志村，2006）。

不可否认，两种货币政策有效性的理论均是以产出和通胀作为研究目标来衡量的。不管是麦卡勒姆规则还是泰勒规则，他们的初衷都是降低通货膨胀率、减少经济波动。因此，根据概念与上述理论梳理，本书对货币政策有效性的评判也将着眼于对产出的促进作用和对通货膨胀的控制能力。换言之，用最小的通胀代价换取更佳的经济增长。

3.3　国际货币政策演变历程

3.3.1　国际利率市场化历程梳理

在 1970 年以前，全世界的主要经济体大多进行利率管制。然而，20 世纪 60 年代末 70 年代初各个国家陆续出现了滞涨，各个国家凝滞不动的固定利率体质被石油危机引发的全球性通货膨胀冲击着。为了使利率水平稳定，央行迫于压力适当地加大了货币供应，却造成了无心之失，进一步刺激了膨胀。为此各国对利率自由化和市场化进行了进一步的探索。本章选取了美国、德国、日本和韩国为主要研究对象，美国和德国是利率调控货币调控政策的发源地，而日本和韩国作为亚洲地区利率市场化改革的先行者，其经验也有极大的借鉴意义。

1. 美国利率市场化过程

在 1970 年的 6 月，美国已经修改了 Q 规定条例，取消了有关对于超出十万美金的存款利率上限值，在不断发展中，对于定期存款的上限值也开始逐步取消。在 1982 年的时候，美国也把 Q 条例里面的内容进行了撤销废除，同时还制定出了关于它撤销的详尽的规定。在不断的发展中，1983 年，对于短期的贷款，美国也开始逐渐地撤销其上限。4 年后，美国经济的发展比较平稳了，除了不再多加限制买房贷款和汽车贷款等大件物品的贷款，也开始全面地对存款利率上限取消放款，这一条例终究是寿终正寝（Q 条例为大萧条之后的利率管制政策，目的在于抑制银行存款，鼓励消费）。

2. 德国利率市场化过程

在 20 世纪 60 年代初，德国利率的市场化发展的成就是因为对于《信用制度法》采取了修改重订。随后在中期的发展阶段，德国也撤销了中长期贷款的利率，但是时间被限制是在超过两年半的贷款，第二年的 7 月份，相继地撤销了 100 万马克以上的三个月大数目的利率限制；最后在 1967 年初的时候，德国终于全方面撤销了对于利率的控制规定，而后德国开始注重利率实现标准的规定，在多个经济的金融机构讨论得出了标准化的利率，进行统一但是并不是国家强制规定的，1967 年当过渡期成为历史，标准利率制被撤销，利率被市场完全化。

3. 日本的利率市场化过程

1977 年，日本作为发达国家，也已经开始采取对利率市场化的改革。第二年的 4 月份，日本想要让利率变得富有弹性且不受太大影响，所以对每个银行之间的利率进行拆分。在这之后又开始推动国家银行中发行的国债利率市场化进程。20 世纪 80 年代，日本对于短期贷款利率采取了一些措施，开始渐渐取消其管制，让它可以在法律规定的 0.25% 之间变化，随后这个数字也在不断提升，1988 年到了 0.875%，1989 年增加到了 1%。在 20 世纪 90 年代初期阶段，日本就已经全面地取消了对于中长期贷款的管制，同时也规定可以在此基础上有一些变动，比如，加上一些期限溢价，长此以往，短期的利率也慢慢开始变得长期，最后利率变得具有市场化的特征。20 世纪 70 年代末，日本对于单一的利率也采取了不少的措施，打开了对于大数额存款单的利率管制，之后大数额的起始标准也在不断的下降，期限也在不断延长，但是到 1993 年，定期利率方面才真正做到了市场化的改革。在活期存款的利率上，1992 年日本在金融上有了新的举措，利用了新型的储蓄存款，使之在付利息方面有了极大改进，最终实现了存款利率在市场中的适应，做到了市场化。

通过总结国际利率市场化的经验，常规操作最开始都是先放开银行间批发资金利率、央行再贷款再贴现利率，但是存款以及贷款利率的市场化推进需要循序渐进。

3.3.2 国际货币政策演变对宏观经济有效性的影响

1. 利率市场化将会提高市场均衡利率水平

从国际实践的角度入手进行观察，不一样的国家和不一样的发展，对于短期市场利率实现放开管制后，表现出来的程度也不一样。在经过学者大量的研究下，按照随机性，20 个国家实现了利率的市场化，但其中，只有 15 个国家里的名义利率在上升，经过数学计算，利率的市场化能够提高名义利率，只有 75% 的可能性，不是百分百的。可是经过后期的大数据计算，盛朝晖学者在 2010 年发现，只有 17 个国家的实际利率确实在稳定地增高。但是根据 IMF《国际金融统计》的数据统计与计算后，选取了关于发达国家与发展中国家的全面利率数值，能够看出绝大部分的国家在利率上都是不断增加的，更有甚者，汇率在短时间内调整幅度超常。其中，1970～1990 年，智利的实际利率平均水平达到 32%，巅峰时期甚至达到了 69%，造成社会经济的严重恐慌。截然不同的是，小部分国家在实现利率市场化之后出现了利率下降，譬如日本，在受到了经济不断发展、政府不科学的金融政策以及人口老龄化的趋势影响，即便是在金融危机之后效仿美国实施巨额量化宽松，也弥补不了过渡的损失。从整体上来说，就绝大多数国家的实践经验来看，利率市场化对绝大部分国家和地区都有积极的影响。在我国，利率市场化可以使我国的金融政策不再那么压抑，适当有所宽松，同时均衡利率，稳定货币的发展让波动幅度较小。由于信贷资金在当下是一项稀缺资源，因此，受金融压制得不到资金的中小型企业会冒着风险来提高利率，以此获得融资。站在银行的角度分析，在风险不足以威胁到自身时，会挑选相对优质且综合效益较高的借款主体，这也是一种均衡的方法。在商业银行中，有发展潜力的企业和有国家政府担保的小微型企业都受到银行的重点优待，能够对于贷款的利率进行商议，拥有主动权。在供需双方两个方面来说，中小企业对信贷资源的欲望比较迫切。银行（供给方）和企业（需求方）双方合作协力可以很好地推动利率提高，达到合作共赢。在存款的利率上来进行研究，当利率不受限后，人们对于利率的选择权越来越高，人们会在利率高的产品或银行中进行存款。从银行方面来考虑为了大量引进资金来发行大额存单，存单利率转向参考 SHIBOR（市场化程度高）进行价格决定。银行与企业完美地实现了共赢。

2. 利率市场化对宏观经济结构的影响

居民当下的消费与未来消费具有相关性，同时又具有一定的替代关系，资本回报率和名义利率则起到了重要的调控作用。若是资本回报率日益升高，而名义利率反而降低时，居民则会减少当前的消费水平，等将来降价时再来购买，这则是将现在的消费推迟到未来进行。消费理性的居民会选择最大化投资自己的收入，让每一分钱都起到其最大的用处，这能够把所有资产集中，让家庭资产扩大，满足日后的消费情况。相反，资本回报率逐渐降低，而名义利率反而升高时，家庭投资反馈不理想，无须将资金留到未来，有理性消费习惯的居民便会在当下进行消费，对于企业来说，资本与劳动这两个概念在投入以及随后的产出中，都有着不小的联系。同时名义存款利率的不断提升，也会影响企业的边际成本投入，连带着相应的增加，而成本上升，企业为了盈利，居民工资率将会被迫下降，此时，企业将输入越来越多的劳动力来减少资本投入。显然，宏观的经济结构会被名义利率所影响。适当提高消费在国民生产的比重有利于缓解我国过度依赖投资拉动经济的经济增长模式，可以看出，利率市场化影响着我国的经济，尤其在国民经济结构方面有着强有力的效果。

3. 利率市场化对货币政策的影响，缓解"金融窖藏"

近年来，我国的资金流动在金融市场较为频繁，与之相应的就是实体的经济发展在走下坡路，而且收获的资金非常少。瑞士学者宾斯维杰的金融窖藏（金融市场在实体经济不断地下滑阶段依然可以保持高速提升的情况），资金在金融领域这个方面就是虚设的，没那么重要，在现实生活中也没有取得大用处。倘若整个社会的可贷资金分小部分给金融窖藏，那么净投资和净金融窖藏存在着绝对的竞争关系。但是这两个在相同方面都是受利率的方式所影响的，在市场利率不断上升时，贷款利率顺势上升，需要贷款的融资方也觉得理所应当，此时金融机构贷款可以获得更大的利益，同时也能够发动将窖藏的机会成本提高，所以窖藏规模也就随之被削弱减少，资本市场的货币也都朝着实体经济供给；再者，金融市场不断处于下滑的状态，那么投资所拥有的回报和收益率也会相应地往下滑。在利率开始向上提升的时候，金融窖藏和资金在金融体系上下的功夫逐渐有所成效，实体经济的投资将会提高，并且通货膨胀的压力也会被动减小。因此，能够得出，在利率市场化的途中提高利率，这是减少金融窖藏的最佳的一种方法，这样还促进了经济的向上持续发展，并且有效地缓解了通货膨胀的压力，实现了货币政策内容的双赢。

4. 利率市场化是货币政策转型的前提

利率市场化的作用非常明显，尤其在对于市场经济的完善以及充分做资源的高效分配上，起到积极的影响，此外，还能不断加强金融部门在资本主义市场中的主要领导地位，充分发挥其作用。在国家层面，还能够作为政策调整的标杆，促进国家现代化金融体系的建设与完善，建立符合中国实际国情的利率机制水平。我国中央银行钳制存贷款的基准利率，这样也限制了金融市场的一些作用和效果，包括货币市场价格可以发现风险，对基准利率的影响水平、利率的影响和波及效果，等等。

从宏观角度深入，央行主要货币政策工具之一就是利率，能够有效地反映政策在哪一方面进行调节控制；从微观角度进行分析，因为资金的价格、投资的成本皆是利率，那么，应当通过资金的供求关系来做决定。取消利率管制是利率市场化新的起点。利率市场化的未来还有很长的一段路要走。首先，完成基准利率体系的培植，一定要把国家的政策每一层传递建立得更为完善全面；此外，释放金融市场的活力，从内到外放开限制，发挥优点弥补缺点，让市场拥有充分的自主性，做到市场的高效决策。

3.3.3　国际货币政策转型的成功经验总结

1. 美国货币政策转型经验

从 20 世纪 70 年代到现在，美联储一共进行了四次货币政策工具的转型，其中，第一次改革发生在 20 世纪 70 年代，这一次转型使美联储放弃了之前一直使用的利率这一调控工具，导致这一改革发生的根本性原因在于通胀率高企，以及利率的波动性较大调控效果不明显这两个方面。为了提升其货币调控效果，美联储决定采用 M1 作为其主要调控指标。然而，这一次的政策转型并没有维持多久，美联储就发现 M1 指标由于存在调控范围过于狭窄，无法稳定其和国民收入之间的关系，如此导致的结果使美联储不得不进行第二次转型，并于 1987 年采用 M2 作为其货币政策的调控指标。此次转型提升了美联储的货币调控能力。20 世纪 90 年代初，美联储开始采用公开市场的操作方式对其货币进行调控，由此可以视为其货币政策的第三次转型，然而这一次的转型并没有维系多久，就再次被美联储废弃。1994 年，美联储开始了第四次货币转型，并且开始采用遵循联邦基金利率作为其货币调控工具，该工具是依据泰勒规则而制定的，此次转型所带来的最直接的结果就是债券市场开始对传统的银行信贷业务产生了巨大的竞争压力。如此，美国的银行业为了提升其竞争力，开始采用资产证券化作为全新的货币政策调控工具，此举不仅有效地盘活了大量的非流动性资产，同时也催生了大量的影子银行，这些银行的出现对美联储的货币统计和监控能力带来了很大的冲击。如此导致的结果是美联储迫切地需要一

种价格型货币政策框架来确保其对货币的监控能力，此即为美国货币政策框架需要进行转型的原因所在。

2. 德国货币政策转型经验

20 世纪 80 年代以前，德国拥有非常稳定的金融服务体系，企业以及其他社会组织也都习惯通过银行贷款的方式解决其融资需求，市场上有超过一半的资金是来自银行的信贷。德国的利率市场化转型开始于 1974 年，从这个时间开始到 20 世纪 80 年代，德国一直奉行货币数量类型的调控工具，而且起到了很好的效果。然而，随着其货币政策转型的不断深入，德国的融资结构开始出现了巨大的变化，银行作为主要融资渠道的地位也开始出现变化，银行资产也开始转变为保险和证券资产，比重也在不断的增加，如此导致的直接结果就是其原有货币政策工具的失效。于是，从 1988 年开始，德国开始调整货币政策中介目标为 M3，并于 20 世纪 90 年代开始，同时采用货币和数量这两种货币管控机制。不仅如此，从 1985 年开始，德国央行也开始了利率走廊的构建工作，并确立了具体的调控目标，并利用政策工具确保了短期货币市场利率的稳定；同时德国央行还构建了货币数量 M32 和价格的两种具体的调控机制。

3. 日本货币政策转型

20 世纪 70 年代以前，日本地区的银行缺乏足够的独立性，并且要听从地方政府的直接领导，如此势必导致银行过分依赖于地方政府。然而，这种机制却有利于地方经济的发展，原因在于银行需要依据地方政府的实际需求对地方性企业进行房贷，以保证地方经济的发展，20 世纪 70 年代以前日本的经济状况一直非常好。然而，由于受到全球范围内石油危机的影响，日本政府开始意识到其当时现行的货币政策工具已经无法有效地对日本经济进行调控，如此日本货币当局被迫开始了货币政策转型，并且考虑到当时的国家经济稳定性的需求，提升了物价稳定权重。随着日本利率市场化改革的不断深入，日本央行逐渐放弃了对本国银行的控制，采用了价格型货币政策工具，至此日本的银行开始具有一定的自主权。在石油危机过程中，日本央行开始采用官定利率的方式对国家经济进行调控。1991 年，日本经济泡沫被击破之后，其再次使用了这种方式对日本的经济进行调控，并且取得了一定的效果。1997 年，日本央行颁布了相关法律就其货币政策进行了调整和明确，即为采用控制货币和现金的政策工具，此举有效地确保了当时日本物价的稳定，并最终确保了其资本市场的稳定。从某种程度上来讲，日本进行政策转型的原因有三个，即：（1）利率的市场化导致的直接结果是降低居民和企业的存款欲望，在这一政策的影响下，日本居民可以选择更多的投资渠道，如此导致的结果就是大量的资金从银行流出。而资金的大量流出也必然导致不同银行之间的竞争日益加剧。（2）企业不再将融资的希望寄托于银行，加上居民的资产结构开始呈现多元化的发展趋势，如此必然会降低银行的收储能力，相比之下，其他的资产配置比重却得到了很大的提升，比如保险、信托等。（3）多种货币政策的同时运行，有利于日本经济的发展。日本政府采用汇率管控机制，有效地促进了其国内资本的流动；采用价格型货币政策能够有效地对其国内经济进行调控，如此即为促使日本货币政策转型的原因所在。

3.4　我国货币政策的演进

3.4.1　我国货币政策的实践

从 1998 年开始，为了有效稳定和促进经济的发展，确保货币市场的稳定，央行推出了一系列创新形势的货币政策工具，有效地提升了货币的主动和调控能力。从这个时期开始，我国开始逐步恢复公开市场操作，在具体的调控方式上也开始愈发区域市场化。从 1998 年到现在，央行不断依据市场的实际情况，积极地推行和调整不同的货币政策工具，取得了非常积极的效果和成绩。

从货币政策工具调整的角度来讲，我国的货币政策实践可以细分为 6 个具体的阶段，具体表述如下。

（1）宽松阶段。这一阶段从 1998 年开始持续到 1999 年，由于当时国内经济陷入了严重的内需不足，CPI 更是呈现负增长态势，整体国民经济的增长速度也开始出现拐点。为了进一步刺激经济，央行采取了下调存贷款基准利率的货币政策，并取得了一定的积极效果。

（2）稳健阶段。这一阶段从 2000 年开始持续到 2002 年。由于当时国内新经济形势发展迅猛，出现了很多非理性投资，为了扭转这种相对不健康的经济运行态势，央行采取了货币紧缩的政策，有效地确保了国民经济的健康运行。

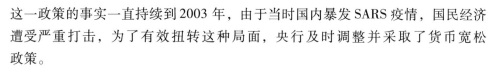

这一政策的事实一直持续到 2003 年，由于当时国内暴发 SARS 疫情，国民经济遭受严重打击，为了有效扭转这种局面，央行及时调整并采取了货币宽松政策。

（3）紧缩阶段。这一阶段从 2004 年开始持续到 2007 年。在这一时期内，由于国内企业过分依赖外贸出口，导致出现了外汇储备过载的现象，由此形成的是国内的供货膨胀，国内居民消费支出始终处于低迷状态。为了避免国内经济出现硬着陆的风险，央行及时采取了持续上调存款准备金利率的方式对投资过热的现象进行遏制。不仅如此，为了进一步促进国内经济的稳定和健康，央行还推出了短期债券、次级债的货币调整工具，有效地确保了当时国内经济的稳定。

（4）宽松阶段。这一阶段从 2008 年开始持续到 2012 年，由于深受美国金融危机以及国内汶川大地震等诸多因素的影响，央行采取了货币宽松政策，其目的为进一步刺激国内经济，有效规避不确定性因素对于国民经济的伤害。这一时期，央行采用了较为灵活的货币政策，及时地根据当时经济的发展运行状况，就存贷款利率进行了四次调整，就再贷款利率进行了两次调整，以及对准备金利率进行了十次调整。在这些政策的调整下，2008 年我国的贷款总额同比增长了 18.8%，有效地维护了国内经济以及货币金融市场的稳定。2009 年开始，央行依据当时的实际情况，开始借助货币政策就当时的物价以及通胀进行调整，有效地确保和拓宽了中小企业的融资渠道。不仅如此，从 2009 年开始，央行开始允许金融和汽车租赁公司自行发行金融债券。2011 年，为了帮助国内企业走向国际市场，央行开始允许部分境外投资机构进行人民币投资。

（5）相对宽松阶段。这一阶段从 2012 年开始持续到 2014 年。在这一时期内，我国的经济开始进入新常态阶段，GDP 的增长与之前的 30 年相比，呈现出了明显的放缓趋势，由此为了进一步刺激国内经济的发展，央行将当时的货币政策调整为相对宽松。此举也是为了有效配合国家经济规划的有效落实，将大量资金引入中小企业、创新创业企业以及支持"三农"建设。在这一时期内，央行还推出了三种货币政策工具，进一步提升了央行的调控能力和效果。

（6）稳健阶段。2015 年至今，宏观经济增长进入新常态，现阶段，我国的经济处于相对稳定的状态，但依然面临着经济增长速度较为缓慢以及去杠杆等方面的问题。既要稳增长又要稳物价、去泡沫，货币政策进入"微调"时期。相应的，价格型货币政策工具，以及一些灵活的非常规货币政策工具的作用将越发凸显。这也为加快推进我国利率市场化、加快完善我国货币政策框架体系提供了契机和急迫的要求。

3.4.2　我国利率市场化进程

利率市场化，其本质就是央行放弃基准利率的制定和公布权，并将此权力交由交易双方和金融机构自由博弈，并最终形成一种全新的利率机制。当然，这并不是说央行将和基准利率没有任何联系，新的利率形成机制在形成的过程中以及最终形成之后，央行将会以一种全新的身份参与其中，这个身份就是"教练"。新的利率形成机制将会以 SHIBOR 为基准，其最终决定权在金融机构手中，金融机构将会依据其实际的发展需求、经济发展环境以及其他相关因素，就最终的市场理论进行明确，并具有随时改变利率的权力，具有充分的灵活性，非常符合市场经济体制下的金融市场需求。

近年来，国家和各地方政府都在积极推行市场经济体制的发展，有效地规避了计划经济时代存在的价格、利率以及信贷资金管控的弊端，然而在货币和金融行业领域，依然存在很多计划经济时代遗留下来的弊病。当然，之所以会存在这样的一种现象，也是有原因的，或者说长期以来一直存在的货币管制机制在过去的几十年时间里，依然有其存在的必要，比如，能够确保国民经济的稳定，有效保证了政府的行政和财政管理能力，等等。当然，即使利率管制工具的存在起到了一定的积极作用，但也不可否认这种政策工具的长期存在必然会对存款均衡利率带来一定的负面影响，不利于我国金融市场以及经济的健康和快速发展。2005 年开始，我国开始逐步放开金融市场，意味着未来我国的商业银行将要和外资银行共同竞争，导致的结果必然很难想象，因为国有商业银行还没有形成存贷款领域的专业服务能力。那么该如何改变这种现状呢？唯一的办法就是利率管制政策，逐步实现利率的市场化，不仅有利于我国经济的发展，而且有利于提升国有商业银行的金融服务能力。当然，一直以来央行也意识到了利率市场化的必要性，并且从 1993 年开始就已经提出了具体的转型思路，在之后的日子里，央行也在积极地推进利率市场化机制的落实。之所以如此，在于利率市场化机制的形成需要一个相对漫长的过程，需要充分考虑该机制在具体推进过程中的各种风险，盲目和快速地放任利率市场化机制的运行，可能会给我国经济带来巨大的风向。所以，在推动利率市场化的过程中，央行采取了分步走的策略，从银行间同业拆借利率市场化开始，逐步过渡到了普通存款利率的上下限，再过渡到了完全放开存款利率上限并实现了完全利率市场化。表 3.1 为我国利率市场化进程梳理。

表 3.1　　　　　　　　　　我国利率市场化进程梳理

阶段	年份	内容
货币市场利率市场化，贷款利率开始浮动	1993	党中央、国务院确定利率市场化改革目标和任务
	1996	放开银行间同业拆借利率
	1997	放开银行间债券回购利率
	1998	开始市场化利率发行债券
	1998 ~ 1999	多次扩大贷款利率浮动区间
贷款利率完全放开，存款利率开始浮动	1999	中资商业银行对中资保险公司试办由协商确定利率的大额定期存款
	2002	8 个县（市）的农信社试点存贷款利率上浮
	2003	放开部分外币小额存款利率管理
	2004	完全放开人民币贷款利率上线
	2005	放开金融机构同业存款利率
	2007	上海银行间同业拆放利率（Shibor）投入运行
	2012	存款利率允许上浮 1.1 倍，贷款利率下限降为 0.7 倍
	2013	全面开放贷款利率管制，取消票据贴现率管制
存款利率完全放开	2014 ~ 2015	存款利率浮动区间上限连续上调
	2015	央行决定不再设置存款利率浮动上限
	2018	央行提出将逐步取消利率"双轨制"
	2019	完善贷款市场报价利率（LPR）形成机制，个人住房贷款利率改为钉住 LPR

　　然而货币政策工具的转型，或者说利率管制机制的淘汰并不意味着利率彻底的市场化，原因在于利率管制不仅包含利率形成机制的市场化，还包含利率调控机制的市场化。也就说明，在未来的可预见的一段时间内，我国还不会彻底地放开利率的管制。当然，这并不表明当下已经取得的利率市场化第一阶段的胜利没有任何的意义，相反其意义非常重大，这不仅能够进一步促进国家经济的平衡和健康发展，而且有利于商业银行自身竞争力的提升，更重要的是，这代表了我国继续推进利率市场化的决心。实际上，在打破利率管制的"桎

梏"之后，我国利率市场化前进的步伐并没有放缓，而是进一步取得了一定的成效。2018 年，央行提出了逐步取消利率"双轨制"，2019 年，我国又完善了贷款市场报价利率（LPR）的形成机制，将个人住房贷款利率改为可以选择钉住 LPR。这一系列的举措，可以断定，随着我国金融体系的不断完善，最终的结果必然是实现利率的彻底市场化，取得利率市场化改革的最终胜利。之所以这样讲在于央行已经在着手这方面的工作了，并且已经在加速构建和完善中央银行基准利率体系。而这样做的目的在于我国的金融机构还未形成基本的竞争力，比如，很多金融机构还缺乏基本的市场意识，在自主定价以及风险管控方面还存在能力不足的弊病等，也就代表了最终达成目标，实现利率的彻底市场化改革，我国还有很长的一段路要走。

3.4.3　我国货币政策的趋势与转型

货币政策转型是为了更好地促进经济的发展，合理的、有效的货币政策能够起到优化产业结构的作用，这也是为什么我国要进行货币政策转型的根本性原因。尤其是现阶段，随着我国市场经济改革的不断深入，传统的货币政策已经无法满足当下市场的调控需求，必然会导致产能进一步过剩以及产业经济发展失衡等各种问题的出现。由此，我国进行货币政策转型是非常有必要的，并且必须从以下几个方面展开具体的转型。

1. 明确货币政策目标，由总量调控向结构型调控转型

我国过去采取的以促就业和经济增长为主的考核方式一定程度地促进了我国经济的发展，但也留下了一些具体的问题，最为典型的就是经济产业结构失衡和产能过剩的问题。因此，如何利用货币政策工具有效平衡我国的经济产业结构成为当下货币政策转型需要重点考虑的问题。不仅如此，在具体的调控方式上，也必须切实结合不同地区不同行业的实际情况，确保政策工具的有效性，并且规避过分转型所蕴藏的各种风险。因此，当下的货币政策工具必须以微调为主，并且依据不同产业和地区的实际情况制定不同的政策调整工具，比如，定向货币政策工具或者区域货币政策工具等。

2. 增强货币政策独立性，由被动型向主动型调控转型

近年来，为了有效地解决由于外汇储备过载而导致的各种切实问题，央行主要采用了结售汇以及发行央票等相对被动的调控方式，这种方式能够有效地解决货币流动过剩的问题。然而，由于西方国家普遍采用了宽松的货币政策，导致的结果就是直接对我国货币政策带来严重的冲击，甚至直接影响我国货币政策的自主性。为了规避这些切实问题的长期存在，必须充分提升货币政策的市场化程度，促使货币汇率的进一步自由化。为了实现这一个转型目标，央行在 2015 年制定了一套全新的汇率制度（收盘汇率 + 一篮子货币汇率形成机制），该机制极大程度地提升了我国货币政策的自主性，能够有效地规避西方货币政策以及市场对我国的影响。而利率与美元首次出现脱钩的情况也证明了我国货币政策将不再受美元政策的影响，并开始具有充分的独立性。

3. 构建利率走廊框架，由数量型调控向价格型调控转型

利率走廊调控机制在发达经济体的银行体系内使用较为广泛，利率走廊的一大作用在于给市场以稳定的预期。我国利率走廊机制虽然没有官方指定，但其实已经在潜移默化中基本形成，即常备借贷便利（SLF）为上限，超额存款准备金率为下限。2015 年以来，常备借贷便利被央行频繁使用，该政策工具的使用以及其所达到的实际效果，足以表明接下来我国的货币政策转型的重点将会放在利率形成机制的持续推进上，并充分发挥其调控作用。

3.4.4　不断丰富的货币政策工具

自 2008 年金融危机之后，中国人民银行实事求是，总结经验，脚踏实地地分析研究未来经济发展和金融发展的趋势，开始不断丰富我国货币政策宏观调控的工具箱。而在经济步入"新常态"后，我国货币政策总体秉承"稳增长、促改革、调结构"的目标，我国央行不断创新改造传统的货币政策工具，还创新实施了许多新型的货币政策工具，这一系列操作无疑为我国货币政策调控增加了途径、拓宽了维度、加强了效果。

1. 公开市场操作

中央银行依照各个时期货币政策效果的需要，通过买卖有价证券来输入或输出货币，调解社会货币供应量的调控活动便是公开市场操作。常见的公开市场操作的例子有购买国库券、公债等。在发生 2007 年的次贷危机后，美国实施了多轮的量化宽松政策，其中公开市场操作业务是重要的手段之一。2013

年，我国央行引入了一种新型的公开市场操作工具：公开市场短期流动性调解工具（short-term liquidity operations，SLO），这是一种超短期的逆回购。这种创新工具的引入，极大地提高了我国中央银行在调节短期货币流动性的能力。目前的 SLO 主要还是以 7 天以内的短期回购为主，我国央行还计划布局更为短期的公开市场操作工具。表 3.2 为新型货币政策工具的对比。

表 3.2   新型货币政策工具的对比

工具	SLF	MLF	SLO	PSL
	常备借贷便利	中期借贷便利	短期流动性借贷便利	抵押补充贷款
主要功能	满足金融机构期限较长的大额流动性需求	"三农"和小微企业贷款	调节市场短期资金供给，解决突发的市场资金供求大幅波动	为特定政策或项目建设提供资金（主要针对棚户改造）
央行资金流向	政策性银行和全国性商业银行	商业银行、政策性银行	正回购：央行从一级交易商（即能够承担大额债券交易的商业银行）卖出有价证券；逆回购：央行向一级交易商购买入有价证券	政策性银行
期限	1~3 个月	3 个月、6 个月或一年	7 天以内	3~5 年
抵押品	高信用评级的债券类资产及优质信贷资产等	国债、央行票据、政策性金融债、高等级信用债等优质债券	政府支持机构债券和商业银行债券	高等级债券资产和优质信贷资产等
利率决定方式	央行制定	利率招标	利率招标	央行制定

2. 存款准备金政策

存款准备金制度早在 1983 年由中国人民银行制定并开始实施。存款准备金制度功能强大而且全面，不但对货币总量的流动性起着调节作用，还起着指引信贷总量的作用。在金融危机之后，中国人民银行逐渐开启了差别化的制定、实施存款准备金政策。特别是在经济步入新常态之后，"定向降准"的策略开始频繁地出现在人们的视野之中。中国人民银行在存款准备金制度上的创新措施，可以让货币政策的宏观调控"粗中有细"，真正做到立足于社会发展的具体需求对症下药，有针对性地差别化实施存款准备金政策。存款准备金政策在我国有丰富的实施经验，传导渠道也较为成熟，是我国央行的常用货币政策调控工具。并且存款准备金政策自身也具有见效快速有力的特点，非常适合我国的经济发展状况。尤其是面对经济不景气、波动较大的时期，中国人民银行频频祭出存款准备金策略来进行宏观调控（见图 3.1）。而在 2015 年9 月 11 日，中国人民银行开始用平均考核法，辅以日终透支上限管理，来取代以往的时点考核法。虽然是小步伐的创新改革，但却赋予了商业银行更多的操作空间，有利于平滑市场波动，优化了存款准备金政策的传导能力和实施效果。

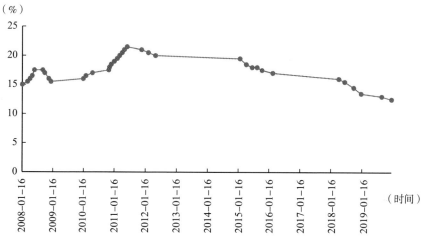

图 3.1   2008 年"金融危机"以来中国大型金融机构存款准备金率调整走势

3. 央行的再贷款和再贴现

正如前文所述，金融危机以来，我国央行勠力创新，不断地丰富我国货币政策调控的武器库。特别是在经济步入"新常态"以来，传统的货币政策调控方式已经越来越无法满足对日益复杂和风云多变的经济环境的调控需求。因此，中国人民银行不断创新增加货币政策调控工具，不但信贷渠道、数量管理方式更加科学，质押范围也进行了扩大，利率管理也更加全面规范。常备借贷便利（standing lending facility，SLF）便是央行重要的创新工具之一。常备借贷便利是由金融机构发起的，在需要补充流动性时向中央银行一对一地申请短期的抵押贷款。贷款的期限一般在 1～3 个月，利率由中央银行根据货币政策需求来制定。SLF 自 2015 年起被央行引入，SLF 的创新使用无疑为短期调节货币供应量和利率提供了极大的便利，增强了货币政策在短期调控的功能。中期借贷便利工具（medium-term lending facility，MLF）跟 SLF 的调控机制类似，但期限要更长一些，一般为 3 个月到 1 年时间。MLF 针对的是中长期的货币流动和利率调控，同时央行对 MLF 的资金用途通常有所限制，通常要求资金向"三农"或中小企业倾斜。抵押补充贷款工具（pledged supplementary lending，PSL）最初由中国人民银行于 2014 年创立，目的是支持特定项目的建设。PSL 的推出扩大了金融机构向人民银行贷款抵押的范围，对调节市场投放货币量和中期利率均有积极的作用。

3.4.5 "量、价"结合的混合型货币政策

从 20 世纪 70 年代开始，各国政府为了有效地对其国内经济进行调控，在经济发展良好的情况下普遍会选择常规性调控工具，在经济不好的情况下则会采用非常规的调控工具以降低其国家经济风险，一直以来，各国央行也在这两种工具的帮助下实现了对本国经济的有效调控。然而，2008 年的金融危机导致各国面临着货币流动性紧缺的实际问题，各国研究者开始对这两种工具的有效性产生了质疑，并认为其存在先天的缺陷，并开始逐步引入"多目标、多工具"的货币政策调控工具，并最终形成了"量价并举"的货币调控政策。该转变也改变了货币管控的中间和最终目标。同时，由于宏观经济通常都存在不同的政策目标，也就意味着不同的货币政策工具也将因为不同政策目标的权重不同而具有各自不同的地位。

利率的变动和货币市场的具体状态存在一定的函数关系，如果想要实现货币市场的稳定和平衡，就必须确保利率始终处于动态的变动状态；同理，如果货币市场始终处于静态的稳定和平衡状态，则会促使利率始终处于动态的变化状态。也就是说，通过控制货币的供应总量将会直接影响利率的高低。比如，央行如果想要降低企业的融资成本，就可以通过增加货币供应数量的方式来实现，当然此举也会导致企业的实际投入和支出成本的增加，但融资的增加也会促使企业产能的增加，进而促使居民消费数量的提升，并最终反过来影响货币的供应总量。也就是说，无论是货币类型的政策管控工具，还是数量类型的政策管控工具都是能够相互转变的。

在 2008 年全球金融危机之前，我国一直奉行以货币总量为主、以价格管

控为辅助的政策规则，当然，在该政策的保驾之下，也的确有效地保证了我国政策环境的稳定，并有效地促进了我国经济的持续发展。然而，随着我国利率市场化转型的依次推进，以及国民货币需求总量的不断攀升，央行发现，通过调控货币供应量的方式对我国经济进行调整的做法开始暴露出很多的问题，至此央行开始逐步调整这项延续了 20 年的货币政策，并逐步过渡到了全新的货币政策工具，如此这项工具已经成为我国货币政策调控的主要工具。

经济发展存在一定的不确定性，不同时期和不同经济环境下，国家的宏观经济目标也会发生变化。因此，在货币政策工具的选择上也必须保持一定的灵活性，之所以这样说，是因为有些调控目标需要借助于数量型货币调控工具，有些调控目标则需要借助价格调控工具。之所以存在这样的差异，在于我国现阶段的经济发展态势非常的复杂，国家需要依据国民经济的发展情况、全民就业的实际情况以及其他相关因素就宏观经济目标进行调整，因此，在调控工具上也必然需要保持多种调控工具同时存在的现象。就不同调控工具的选择和实际调控效果进行研究和探讨具有一定的理论意义；同时结合我国当下的经济发展实际情况以及国情需求就调控工具从单一转向混合多项调控工具同时存在的现象机型研究，具有一定的现实意义。

3.5　研究假设设定

通过第 2 章的文献研究不难发现，部分文献结论认为，我国货币政策的实施效果愈发向西方发达经济体靠拢，并且也有一些研究成果认为金融危机时期可以看作两种货币政策工具有效性"交接班"的分水岭，认为金融危机之后价格型货币政策工具有效性得到了巨大提升，数量型货币政策工具有效性急剧下降。而通过第 3 章对世界部分发达经济体以及我国的货币政策演进历程和利率市场化改革进程的梳理，可以分析出上述各国货币政策均是经历了数量型货币政策工具为主→利率市场化改革→价格型货币政策为主的历程。如上文所述，我国经过多年的利率市场化改革，取得了一定的进步，价格型货币政策的传导途径也渐渐廓清，为价格型货币政策工具的有效实施奠定了基础。

我国的货币政策有效性是否转变如此巨大，越发接近西方发达经济体的调控模式？价格型货币政策工具有效性是否得到极大提升？数量型货币政策工具的有效性是否发生大幅下降？金融危机期间可否看作有效性交接的"分水岭"？

在经济步入"新常态"之后，货币政策调控的有效性又发生了怎样的转变？本书为探究这一系列的问题，以期找到确切的答案，设定了如下假设：

假设一：价格型货币政策工具有效性大幅提升。

假设二：金融危机后，数量型货币政策工具有效性急剧下降。

假设三：金融危机后，价格型货币政策工具有效性强于数量型货币政策工具。

3.6　本章小结

本章对研究目标的有关概念进行了廓清界定，对数量型和价格型货币政策有效性的相关理论进行了系统的梳理，为后文的实证研究提供了理论支持。分析梳理国内外货币政策改革演进历程，可以发现，大部分国家在进行利率市场化的转型过程中，都经历了一个从数量到价格的缓慢推进过程。主要是由两个方面的因素所决定，首先，货币型货币政策是货币调控的必然趋势，这一点是由各国经济的发展水平所决定的，也是政府或者国家金融机构可以主导的；其次，货币政策的转型不可能一蹴而就，而必须充分根据相关国家的实际经济发展情况和形式需求缓慢推进，否则就有可能导致出现很多重大的风险，进而影响国民经济的稳定。从另一个角度来讲，转型过快将无法发挥出新调控工具的作用，在彻底转型为货币政策工具之前，必须确保利率市场化的推进。

我国一直在积极地推进利率市场化，货币政策改革的脚步从未停歇，也取得了一定的成绩，为价格型货币政策工具在我国的有效实施奠定了一定基础。前文所述，有部分学者认为，我国价格型货币政策工具有效性大幅提升，特别是在金融危机之后，已超过数量型工具的有效性。但固有枷锁的打破并不意味着货币政策的彻底转型，而是代表了新一轮货币政策改革的开始。"彻底转型"的结论为时尚早，"非此即彼"也不适合当前我国的调控形式，而不断扩充的央行调控"武器库"，也让两种调控政策的效果均有所提升。因此，本书推断，未来一段时间里，我国货币政策调控框架仍保持"量、价"混合的调控模式。在此基础上，结合第2章文献研究部分，对本书的研究假设进行了设定，后文的实证部分便是在此基础上深入展开的。

第4章

基于混频数据的我国货币政策有效性评价

本章在前文理论分析和文献研究的基础上，提出研究假设，通过构建新型的混频贝叶斯因子扩充向量自回归研究框架（MF - BFAVAR），利用 2000 年 1 月 1 日~2019 年 12 月 31 日的季度、月度、日度的混频数据，分别构建价格型货币政策工具和数量型货币政策工具两个政策代理指数，以及"产出"和"通胀"两个经济活动代理指数，并分时期对两种货币政策工具的有效性进行了实证研究。

4.1　引　言

日新月异的中国是世界上最受关注的经济体之一，自改革开放以来，我国经济结构已产生重大变革（He et al.，2015）。自步入千禧年之后，我国经济一直保持较为稳定的高速增长。直到 2007 年美国次贷危机引发的全球金融危机，对我国的经济发展也带来了极大冲击。而后的连锁反应欧债危机，也在一定程度上影响了金融危机后我国的经济复苏。自 2014 年以来，我国经济增速由高速增长调整为中高速增长。一个明显的标志是，GDP 增长率的预期从 10% 左右降到了 6% 左右。习近平总书记用"新常态"来形容这个经济发展的新阶段。而后，"新常态"一词不仅代表了经济增长的目标从高速向高质量的转变，也体现出经济社会等诸多的变化（刘金全和张龙，2018；Chen and Groenewold，2019；Abdul - Rahaman and Yao，2019；Mi et al.，2017；Aizenman et al.，2016）。

在"十四五"规划中，货币政策在宏观调控中的重要作用再次凸显出来。

在金融危机之前，中国已经形成了以数量型货币政策为主、价格型货币政策为辅的货币政策框架。同时，也在不遗余力地推动利率市场化的进程（Zhao et al.，2019）。2015 年，利率市场化改革初步完成，为价格型货币政策的有效实施提供了有利条件（He et al.，2015；Tan et al.，2016；Ausloos et al.，2019）。唐（Tung，2016）通过对已有文献的系统总结，从外汇储备与金融发展、区域经济整合发展、大规模科技创新与转型升级等多个角度，详尽分析了步入新常态后中国未来发展所面临的机遇和挑战。我国经济"新常态"是一个热点话题，相关的研究也增长较快。然而，国内外关于在经济"新常态"下我国货币政策有效性变化的研究相对较少（Zhang et al.，2018；Chen，2018）。陈和格罗内沃尔德（Chen and Groenewold，2019）结合 VAR 模型与 Blanchard - Quah 识别过程设计了一个研究框架，识别出供给侧的驱动（supply-driven）是步入"新常态"之后，中国经济增速放缓的主要原因。张等（Zhang et al.，2018），提出了一种新型的时变参数向量自回归模型，结合数据挖掘的方法，利用月度数据来研究中国货币政策有效性的时变特征。陈（Chen，2018）的实证研究结果表明，自 2013 年起，中国货币政策的实施效果产生的变化。究其原因在于，供给侧结构性改革和地方政府债务去杠杆化，造成了总需求的疲软松弛。国际局势愈加复杂多变，中国的货币政策依旧面临三难选择。利率双轨制也导致了货币政策的传导机制不够明晰。阿杜拉曼和姚（Abdul - Rahaman and Yao，2019）构造 VEC 模型，分析了中国经济新常态和步入新常态对中国整体经济以及各个部门的影响。研究结论表明，逐渐缩紧的货币政策长期来看对经济发展影响不大，但储蓄的减少将在短期内对其产生不利影响。而市场化改革将在一定程度上促进人民币的增值。

在这几十年的发展历程中，随着经济结构的天翻地覆，我国货币政策的有效性也伴随着经济的快速增长产生相应的改变。而经济步入"新常态"以来，不同货币政策的有效性是否发生相应的变化，应该选择哪一种货币政策为主要实施对象。本章尝试给出答案。

然而，由于我国经济结构经历了巨大变化，并且一些宏观经济数据的时间跨度不长，统计口径和频率也发生过改变，因此，针对中国的货币政策进行实证研究不容易得到理想的结果（He et al.，2013；Fernald et al.，2014；Liu et al.，2019）。另外，在前人的研究中，常用的宏观经济数据通常统计频率较低，例如，GDP 便是季度的统计指标。受统计频率的限制，许多有用的经济指标无法应用于实证研究中。目前国内仅有刘金全老师（2018，2019）尝试过利用混频数据对我国的货币政策进行研究，但也仅为月度与季度的两期混频。指标数量不足则不能反映出经济运行的全貌。因此，我们设计了一种新的方法——混频贝叶斯因子扩充向量自回归研究框架（mixed-frequency bayesian factor augmented vector autoregression，MF – BFAVAR）。该方法利用三种频率的混合数据（季度、月度和日度）来解决数据不足的问题，以期得到更好的研究结果。

本章通过 MF – BFAVAR 方法得到的结论认为，价格型货币政策在整个样本期（2000~2019 年）和经济稳定增长阶段有更好的实施效果。而数量型货币政策在经济增长出现波动时更能为其注入强心剂。

4.2　模　型　构　建

4.2.1　动态因子模型

动态因子模型是本书提取潜因子的方法，在本书中我们沿用费纳尔德等（Fernald et al.，2014）与刘等（Liu et al.，2019）的表达方式。假设 F 是我们无法从这些经济活动中观测到的少量潜在因子。X 是 N 维的多元时间序列变量，是由 F 决定的，我们在实际经济活动中可以具体观测到的数据。ε 为均值为 0 的随机扰动项，F 与 ε 互相为正交稳态过程。对于 T 个时期，可定义原始的动态因子模型如下：

$$X_t = \Lambda F_t + \varepsilon_t \tag{4.1}$$

其中，向量 F_t 的维度远小于向量 X_t。而 Λ 是指标 X 在因子 F 上的载荷阵。在动态因子模型中，因子 F 是关于时间的变量，可定义为下列自回归过程：

$$F_t = A(L) F_{t-1} + \eta_t \tag{4.2}$$

其中，$A(L)$ 是滞后多项式，而 L 是滞后算子，η_t 为独立同分布向量。

4.2.2　混频思想

正如第二部分所述，对于一般的 VAR 或者 FAVAR 模型来说，处理同频的、时间长度相同的数据并不难，但由于宏观经济的统计数据频率不一，且长度不尽相同，何况中国的数据质量不佳，单一的统计数据很难反映出全部的经济状况。并且，由于不能采取不同频的数据，有一些重要的统计数据无法被纳入进来，势必会存在经济信息遗漏的情况。因此，本书参照马里亚诺等（Mariano et al.，2003；2010）所应用的方法，将混频思想引入我们的方法论框架中。

设 $X_{1,t}^*$ 为可观测变量 $X_{1,t}$ 的高频潜在因子。本例中，$X_{1,t}$ 为季度数据，$X_{1,t}^*$ 为其月度的潜在因子。则观测变量 $X_{1,t}$ 为每三个月可观测到一次，可以表示为其三期潜在变量的几何平均值。即：

$$\ln x_{1,t} = \frac{1}{3}(\ln x_{1,t}^* + \ln x_{1,t-1}^* + \ln x_{1,t-2}^*) \tag{4.3}$$

再设，对于所有的时间 t，$y_{1,t} := \Delta_3 \ln x_{1,t}$，$y_{1,t}^* := \Delta \ln x_{1,t}^*$，$y_{2,t} := \Delta \ln x_{2,t}$。那么可以得到：

$$y_{1,t} = \frac{1}{3}(y_{1,t}^* + y_{1,t-1}^* + y_{1,t-2}^*) + \frac{1}{3}(y_{1,t-1}^* + y_{1,t-2}^* + y_{1,t-3}^*)$$

$$= \frac{1}{3}y_{1,t}^* + \frac{2}{3}y_{1,t-1}^* + y_{1,t-2}^* + \frac{2}{3}y_{1,t-3}^* + \frac{1}{3}y_{1,t-4}^* \tag{4.4}$$

那么，$\{y_{1,t}\}$ 为每三个月可以观测到的指标，而 $\{y_{1,t}^*\}$ 为不可观测指标。

再设，对于所有的时间 t，$y_{1,t} := \begin{pmatrix} y_{1,t} \\ y_t \end{pmatrix}$，$y_{1,t}^* := \begin{pmatrix} y_{1,t}^* \\ y_t \end{pmatrix}$，$\mu = E(y_t)$，$\mu^* := E(y_t^*)$。那么可以得到：

$$y_t - \mu = H(L)(y_t^* - \mu^*) \tag{4.5}$$

$$H(L) = \begin{pmatrix} \frac{1}{3}I_{N_1} & O \\ O & 1 \end{pmatrix} + \begin{pmatrix} \frac{2}{3}I_{N_1} & O \\ O & o \end{pmatrix}L + \begin{pmatrix} I_{N_1} & O \\ O & o \end{pmatrix}L^2$$

$$+ \begin{pmatrix} \frac{2}{3}I_{N_1} & O \\ O & o \end{pmatrix}L^3 + \begin{pmatrix} \frac{1}{3}I_{N_1} & O \\ O & o \end{pmatrix}L^4 \tag{4.6}$$

其中，L 为滞后算子。此时可以将式（4.5）转化为一个 P 阶的高斯向量自回归模型，即：

$$\Phi(L)(y_t^* - \mu^*) = w_t \tag{4.7}$$

$$\{w_t\} \sim IN(0, \Sigma) \tag{4.8}$$

当 $p \le 5$ 时，可以定义状态向量为 s_t： $= \begin{pmatrix} y_t^* - \mu^* \\ \vdots \\ y_{t-4}^* - \mu^* \end{pmatrix}$。则状态空间表达式可

以写为如下形式：

$$s_{t+1} = As_t + Bz_t \tag{4.9}$$

$$y_t = \mu + Cs_t \tag{4.10}$$

$$\{z_t\} \sim IN(0, I_N) \tag{4.11}$$

其中，A： $= \begin{bmatrix} \Phi_1 & \cdots & \Phi_{p-1} & \Phi_p \\ I_{(p-1)N} & & O_{(p-1)N \times N} \end{bmatrix}$，$B$： $= \begin{bmatrix} \Sigma^{1/2} \\ O_{4N \times N} \end{bmatrix}$，$C$： $= [H_0 \quad \cdots$

$H_4]$。而 $\{y_t\}$ 便是我们要求得的混频序列，但其存在缺失值，还无法直接进行因子提取。前人研究（Mariano and Murasawa，2003；2010；Kuzin et al.，2011）的通常做法是认为缺失值是符合独立同分布的正态随机变量，设定其初始值为 0，利用卡尔曼滤波器和卡尔曼平滑对缺失值进行因子估计（Harvey，1990；Hyndman and Khandakar，2007）。

同时，本书加入了日度的高频数据，但倘若按照上述方法将季度与月度数据转换为日度数据，将存在以下两个问题：易造成缺失数据太多，引起估计结果的不准确；计算量过于庞大。

因此，本书采用一个新的办法来避免上述问题。即选取月度为中间频率，倒推上述公式，利用日度数据倒推其月度数据，然后再进行因子估算。这样一来，在纳入日度数据的同时，避免了上述的两个问题。

4.2.3　贝叶斯参数估计

本书参考詹诺内等（Giannone et al.，2015）和甘特等（Gunter et al.，2016）的做法，利用贝叶斯方法取代最小二乘估计（OLS）作为 VAR 参数估计的方法。这一前提下，本书应用明尼苏达先验（Minnesota prior or Litterman prior）来做 BVAR 的参数估计。明尼苏达先验是一种有信息先验，由多恩等（Doan et al.，1984）和李特曼（Litterman，1986）率先提出。明尼苏达先验是在包含贝叶斯方法的 VAR 文献中，最受欢迎的信息型先验之一（Giannone et al.，2015）。

与传统 VAR 采用的最小二乘法相比，有信息先验分布的方法往往有更好的

参数估计效果。其对变量的滞后期限加以限制，而不是缩减滞后项（Banbura et al.，2010）。利用有信息先验来缩减无条件 VAR（p）为一个更朴素的形态，以此来获取更好的参数估计效果，反过来这也有利于得到更好的识别与预测结果。同时，利用无信息或者扩散先验（diffusion priors），例如，扁平先验（flat prior），其效果与常规的最小二乘方法相近，无法体现出贝叶斯方法的优势（Giannone，2015）。

本书沿用了鲁克波尔（Lutkepohl，2005）以及甘特和翁戴尔（Gunter and Önder，2016）的表述方式。在贝叶斯估计中，首先假设一个非样本信息的通用参数向量 ψ 为可用于估计的先验，其先验概率密度函数（probability density function，PDF）表示为 $g(\psi)$。相应的，基于 ψ 的样本信息可以表示为 $f(y\mid\psi)$，这在算法上相当于极似然方程 $l(\psi\mid y)$。在贝叶斯定理中，先验的概率密度函数和样本的概率密度函数之间的关系可以表述为如下形式（其中，$f(y)$ 是无条件样本密度）：

$$g(\psi\mid y)=\frac{f(y\mid\psi)g(\psi)}{f(y)} \tag{4.12}$$

式（4.12）展示了在 y 的样本信息条件下，ψ 的分布状态，即后验的概率密度函数。换句话说，包含参数向量 ψ 所有信息的后验分布正比于似然函数与先验概率密度函数的乘积：

$$g(\psi\mid y)\propto f(y\mid\psi)g(\psi)=l(\psi\mid y)g(\psi) \tag{4.13}$$

式（4.13）展示的后验概率密度函数不能直接得到。反映先验信息的假设必须是处理参数向量 ψ 的，从而得到它的数值解。对于本书来讲，参数向量 ψ 的待估参数包含模型参数和三个 BVAR（p）的超参数：整体紧度（overall tightness）、相对交叉变权（relative cross-variable weight）以及滞后缩减（lag decay），分别设置为 0.1、0.99 和 1。

4.2.4　MF - BFAVAR

最后，我们将 FAVAR 模型引入本书所构建的研究框架中，作为识别货币政策冲击有效性的研究工具。如前文所述，FAVAR 是基于 VAR 的一种因子扩充模型，结合前文结合混频思想的动态因子模型所提取的混频潜在因子，可构建 FAVAR 模型如下：

$$X_t=BY_t+\Gamma F_t+\boldsymbol{\epsilon}_t \tag{4.14}$$

$$\begin{bmatrix} F_t \\ Y_t \end{bmatrix} = A(L) \begin{bmatrix} F_{t-p} \\ Y_{t-p} \end{bmatrix} + \eta_t \tag{4.15}$$

其中，Y_t 为可观测的货币政策相关变量，X_t 为前文提到的可观测的指标，F_t 为利用动态因子模型得到的潜在因子向量。$A(L)$、$B(L)$ 是 p 阶的滞后多项式，L 为滞后算子。本书在提取因子的过程中沿用前人研究（Stock and Watson，1998；2002；Bernanke et al.，2005）的做法，将主成分分析法应用于潜在因子的计算。该方法具有数值上的稳健性、计算上的有效性以及保持潜在因子延续指标的经济意义的优势（Fernald et al.，2014）。同时，本书延续费纳尔德等（Fernald et al.，2014）和刘等（Liu et al.，2019）的方法，将指标分为两组，分别构建"产出"和"通胀"的一致指数。

然而货币政策的信息，也并非一个可观测的指标就能够完全反映出来的。因此，本书在典型动态因子模型的基础上，做了一些改进，加入了货币政策的潜在变量 F^y。则，FAVAR 方程可设定为如下形式：

$$\begin{bmatrix} F_t^x \\ F_t^y \end{bmatrix} = A(L) \begin{bmatrix} F_{t-p}^x \\ F_{t-p}^y \end{bmatrix} + \eta_t \tag{4.16}$$

其中，F_t^y 为货币政策的潜在因子向量，F_t^x 为各类经济活动的可观测指标向量 X_t 的潜在因子。$A(L)$ 为滞后阶数为 p 的滞后多项式，L 为滞后算子，η_t 为独立同分布向量。

最终，在提取混频因子和引入贝叶斯参数估计方法之后，我们构成了本书的主要研究方法论框架，即所谓的 MF – BFAVAR，来识别货币政策工具所带来的冲击的有效性。

4.3　数据处理与指数构建

4.3.1　数据说明

本书应用前文构建的研究框架——混频贝叶斯因子扩充向量自回归（MF – BFAVAR）模型来对我国的货币政策传导机制进行测度，并识别不同时期货币政策有效性的变化。用到的数据为季度、月度、日度三种不同的频率数据。时间跨度为 2000~2019 年，既涵盖了全球金融危机之前的迅速发展，危机期间的急剧下滑以及中国随后的快速复苏，又包含了我国步入经济"新常态"后的样本量。

图 4.1 向我们展示了所选指标不甚理想的统计质量，其中深灰色部分代表的便是缺失的数据指标。为了消除如春节等原因带来的缺失值的影响，本书用两种方式对缺失值进行了填充。对于部分产出数据，可以通过一些相关指标数据进行较为精准的推算。而其他指标的缺失值则通过上文提到的结构时间序列模型和卡尔曼滤波器进行填充，这里利用的是莫里茨（Moritz et al.，2017）开发的 R 包。对于不规则变动的指标，像存款准备金率，我们将其视为持续的月度数据来对待。

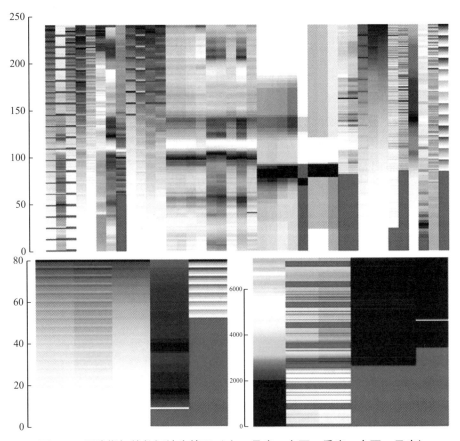

图 4.1　所选指标的数据缺失情况（上：月度、左下：季度、右下：日度）

本书依据前文研究文献中所选指标和数据的可得性，筛选出共计 40 个指标来支撑本书的研究（见表 4.1～表 4.4）。在对原始数据处理的过程中，本书将数量型数据转换为同比增长率，以消除价格和季节变动的影响。并将部分数据进行标准化和差分处理。本书数据均来自中国统计年鉴、国家统计局官网，以及 Choice 数据平台。

表 4.1　　　　　　　　　　　产出（Output）的数据指标

指标	ID	频率	起始时间	结束时间
发电量	PG	月度	2000M02	2019M12
工业增加值	IP	月度	2000M02	2019M12
固定资产投资额	FAI	月度	2000M02	2019M12
出口总值	Exp	月度	2000M01	2019M12
财政预算收入	BR	月度	2000M01	2019M12
社会消费品零售总额	TRSCG	月度	2000M01	2019M12
消费者信心指数	CCI	月度	2000M01	2019M11
宏观景气指数	MPI	月度	2000M01	2019M10
PMI	PMI	月度	2005M01	2019M12
货运总量	TF	月度	2000M01	2019M11
粗钢产量	CSP	月度	2000M01	2019M12
乙烯产量	EP	月度	2000M01	2019M12
GDP	GDP	季度	2000Q1	2019Q4
GDP：第二产业	GDP2nd	季度	2000Q1	2019Q4
GDP：第三产业	GDP3rd	季度	2000Q1	2019Q4
城镇失业率	UUR	季度	2002Q1	2019Q4
全国居民人均可支配收入	DIC	季度	2013Q1	2019Q4
美元兑人民币汇率	ER	日度	2000/1/1	2019/12/31
上证综指	SHCI	日度	2000/1/4	2019/12/31
深圳成指	SZCI	日度	2000/1/4	2019/12/31

表4.2 通胀（Inflation）的数据指标

指标	ID	频率	起始时间	结束时间
CPI	CPI	月度	2000M01	2019M12
城市 CPI	CPIU	月度	2000M01	2019M12
农村 CPI	CPIR	月度	2000M01	2019M12
CPI：食品	CPIF	月度	2000M01	2019M12
CPI：非食品	CPINF	月度	2002M03	2019M12
PPI	PPI	月度	2000M01	2019M12
PPIRM	PPIRM	月度	2000M01	2019M12
RPI	RPI	月度	2000M01	2019M12
CGPI	CGPI	月度	2000M01	2019M12
CPI：36 城	CPI36	月度	2000M01	2019M12

表4.3 价格型（Price Rule）货币政策的数据指标

指标	ID	频率	起始时间	结束时间
中长期贷款利率：3 至 5 年（含）	MLLIR	Irregular	2000M01	2015M10
定期存款利率：1 年（整存整取）	RDIR	Irregular	2000M01	2015M10
SHIBOR：隔夜	SHIBOR1d	日度	2006/10/8	2019/12/31
SHIBOR：7 天	SHIBOR7d	日度	2006/10/8	2019/12/31
中债国债到期收益率：1 年	TMY1y	日度	2002/1/4	2019/12/31
中债国债到期收益率：5 年	TMY5y	日度	2002/1/4	2019/12/31
CHIBOR：7 天	CHIBOR7d	日度	2004/5/24	2019/12/31

表4.4 数量型（Quantity Rule）货币政策指数的构建指标

指标	ID	频率	起始时间	结束时间
M0	M0	月度	2000M01	2019M12
M1	M1	月度	2000M01	2019M12
M2	M2	月度	2000M01	2019M12

4.3.2　指数构建

本书利用卡尔曼滤波器将不同频的数据转换为同频，然后利用另一个常用的动态因子模型的方法——主成分分析法来提取每个部分的潜在因子构成指数。在指数构建过程中，因子载荷阵、各项指标权重及检验附于附录一。本书参照伯南克（Bernanke，2005）、费纳尔德（Fernald，2014）以及刘等（Liu et al.，2019）的做法，选取第一主成分为所构建指数进行进一步的分析。

图 4.2～图 4.5 展示了所构成的各个指数和各自部分主要指标的对比。不难

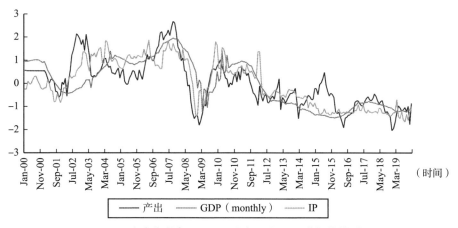

图 4.2　产出指数与 GDP（月度）和工业增加值的对比

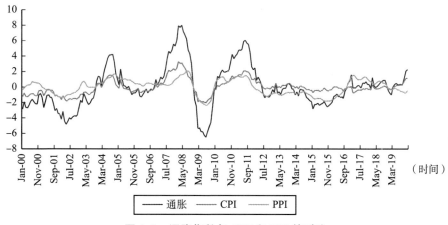

图 4.3　通胀指数与 CPI 和 PPI 的对比

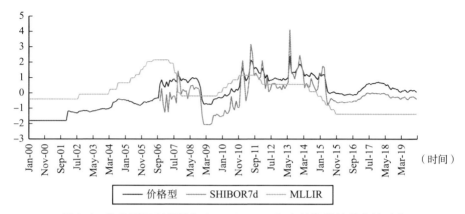

图 4.4 价格型规则指数与 SHIBOR 7 天和中长期贷款利率的对比

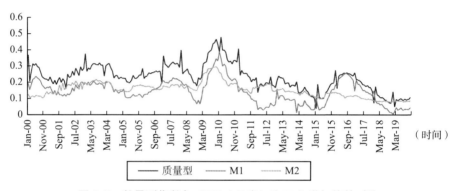

图 4.5 数量型指数与 GDP（月度）和工业增加值的对比

发现，每个指数都反映出各部分主要的变化趋势。但各个指数与其主要指标相比又有些许不同。这些不同便是我们理论上认为的，单一指标无法反映出来的经济活动的信息。需要说明的是，积极扩张的货币政策意味着利率等价格型货币政策工具的下调，为方便对研究结果进行对比分析，本书将价格型货币政策工具指数数据的正负号互换，使其变动方向与数量型一致。未做特殊说明的情况下，后文的价格型货币政策工具均按此方法进行操作。

4.4　结果与讨论

图 4.6 展示了模型估计结果的脉冲响应图，应用的软件为 EViews 10.0。

这些脉冲响应图反映了两种货币政策在不同时期有效性的变化。

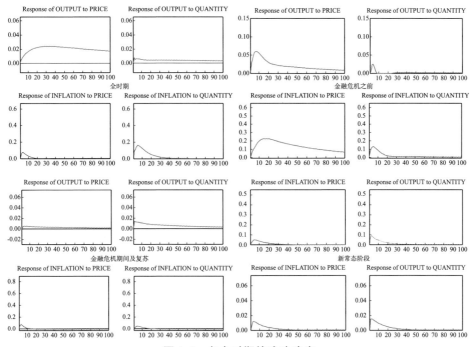

图 4.6 各个时期的脉冲响应

4.4.1 全部时间跨度（2000~2019 年）

对于整个样本时期而言，价格型货币政策工具实施效果更好。经济产出对一单位价格型规则冲击的响应从 0 增加到 0.024，而数量型规则只增加到 0.007。而价格型规则下通胀将增加到 0.078，明显小于数量型规则的 0.161。对于全时期而言，价格型货币政策工具能够以较小的代价（通胀）来促进经济产出的增加。

4.4.2 金融危机之前（2000~2006 年）

20 世纪伊始，在金融危机之前，我国经济社会经历了较长时间的平稳快速发展。随着市场化改革的不断推进，价格型货币政策的作用越发凸显。每单位价格型规则的冲击将引发经济产出 0.060 单位的增长，优于数量型货币政策的 0.024。但同时，价格型货币政策对通胀的贡献度（0.230）也高于数量型规则（0.133）。

4.4.3 金融危机与复苏（2007~2012 年）

在这个期间，中国的经济增速出现剧烈波动，更直接的数量型货币政策工具效果更佳。给予数量型货币政策 1 单位冲击，将促进经济产出 0.014 单位的增长，并且只带来通胀的 0.051 单位增长。而同样条件下，价格型规则对产出的贡献度只有 0.005，同时还会带来稍高的通胀水平（0.078）。

4.4.4 经济步入"新常态"时期（2015~2019 年）

经济刚步入"新常态"的这几年，两种货币政策工具对经济产出均有积极作用。在数量型货币政策更像一把双刃剑，在促进产出方面略优于价格型，但也将造成更多的通胀。而价格型货币政策对产出与通胀的改变稍微温和一些。从脉冲响应所反映的数据来看，给予数量型货币政策 1 单位冲击，将引起经济产出从 0 增长到 0.094，高于价格型规则引起的 0.051。与此同时，通胀也产生了 0.015 单位的变化，亦高于价格型规则的 0.012。

分析上述结果可以总结出，对于全部时间跨度而言，价格型货币政策工具更有效。这意味着中国的利率市场化进程已经取得了不错的成效，为价格型工具的实施提供了保障。这也与费纳尔德（Fernald et al.，2014）认为中国的货币政策环境愈来愈像西方经济体的结论不谋而合。对于金融危机之前的这段时间，价格型货币政策工具的优势作用已经开始凸显。而金融危机期间以及之后的复苏阶段，更直截了当的数量型货币政策工具更能为经济恢复注入强心剂。而中国经济步入"新常态"之后，经济增速虽然下调，但总体发展较为稳定，数量型和价格型货币政策均展示出各自的特点。

4.5　本章小结

本章的实证结论发现，对于中国经济体而言，中国的利率市场化进程已经足以保障价格型货币政策工具的有效实施。在这个前提下，在经济稳定而快速发展的时期，价格型货币政策工具的效果更好。而对于经济增速下滑或波动的不利环境下，直接的数量型规则更容易扭转经济增长的势头。不同的货币政策工具对应不同的场景有不同的动态效果。作为最好的例子，美国作为一个侧重价格型货币政策实施的国家在金融危机之后也开始了一些数量型货币政策工具的使用。因此，面对未来愈加复杂多变的经济形势，中国的政策制定者们对不同的货币政策工具不应非此即彼，有所偏好，而应该相机抉择，根据不同的情景制定最有效的政策。未来的研究中，研究者们应将关注点放在全球经济变化带来的影响，以及不同货币政策在不同情境下的实施效果仿真。

第 5 章

我国货币政策有效性的时变特征研究

本章在第 4 章研究结论的基础上，提出新的研究假设，通过构建新型的 TVP – SV – MF – BFAVAR 研究框架，利用第 4 章构建指数数据，对货币政策有效性的时变特征进行深入研究，同时也为第 4 章的实证研究提供稳健性检验。

5.1 引 言

上一章中，本书发现我国不同规则的货币政策的有效性在不同的时期有着不同的鲜明特点，这体现出货币政策可能是时变的。为了更清晰地观测我国货币政策的时变特征，这一章本书在上一章所构造的 MF – BFAVAR 的基础上，加入时变的因素，构建新的可以非常直观地探寻货币政策时变特征的研究框架（time varying mixed frequency bayesian factor augmented vector autoregression with stochastic volatility，TVP – SV – MF – BFAVAR）。

时变系数的 VAR 模型（TVP – VAR）在克格雷和萨金特（Cogley and Sargent，2001；2005）以及普利米切利（Primiceri，2005）引入实证研究后，迅速得到广泛应用，特别是在宏观经济问题研究领域。该方法令研究人员能够用一种方便且稳健的方法，来更好地捕捉经济运行过程中潜在的时变特征。在 TVP – VAR 模型中，所有系数均假设为遵循一阶随机游走过程，即模型系数均是随时间变化的。

随机波动（stochastic volatility）是 TVP – VAR 模型的重要组成部分。虽然这个概念已经有非常"悠久的历史"了（Black，1976），但在 21 世纪得到了进一步的发展（Ghysels，Harvey and Renault，2002；Shephard，2005），同时在实证研究中也得到了广泛应用（Cogley and Sargent，2005；Primiceri，2005）。

在许多前人研究中，往往只关注了系数的时变需求，而忽略了残差项的时变特征，这势必会造成估计的有偏。而将随机波动整合到 TVP - VAR 的模型之中，可以避免这种错误的设定（Nakajima，2011）。随机波动会使得模型估计更复杂，因为似然计算过程会变得十分冗杂，因此，一般采用贝叶斯推断中的马尔科夫链蒙特卡洛（MCMC）方法来替代似然估计过程。

时变系数和随机波动的 VAR 模型在国内外的识别与预测领域均有广泛的应用。在市场上识别领域，国内外学者的关注点多在能源、原油等市场领域，例如，斋（Chai，2011）、杰巴布里（Jebabli，2014）、胡利琴等（2014）、龚和林（Gong and Lin，2018）等。这些文献均利用 TVP - VAR 模型或 TVP - SV - VAR 模型及其扩展形式，来识别研究市场与经济体宏观经济冲击的互相影响。在政策识别研究领域，安东纳卡基斯（Antonakakis，2018）、加鲍尔和古普塔（Gabauer and Gupta，2018）分别利用这两种方法，研究了各经济体之间的经济政策传导与溢出效应。尚和埃森斯塔特（Chan and Eisenstat，2018）的关注点则在于通过研究政策识别，来对比研究不同模型的应用效果，而孙焱林和张倩婷（2016）则建立 TVP - VAR 模型分析美联储加息对中国产出冲击的时变特征和结构性变动。

本章在上一章所构建的 MF - BFAVAR 的基础上，进一步创新，加入时变参数组件，构建新型的 TVP - SV - MF - BFAVAR 研究框架，并沿用上一章构建的各类指数作为变量，在上一章实证结论的基础上，进一步研究我国货币政策有效性的时变特征。

5.2　模　型　构　建

如前文所述，为更好地研究我国货币政策有效性的时变特征，本章在上一章所构建的 MF - BFAVAR 研究框架的基础上，引入了时变系数和随机波动要素，组成 TVP - SV - MF - BFAVAR 的新型研究框架。

本章所构建的 TVP - SV - MF - BFAVAR 研究框架包含多元时间序列、时变的系数和时变的误差项。时变的系数可以更好地捕捉模型中的结构变化，而多元的随机波动旨在捕捉模型变量同期关系中的冲击中潜在的异方差性。同时允许待估系数和误差项的时变特征，可以充分让数据来表达，根据数据自身来确定线性结构随时间的变化是源于冲击规模的变动还是由于传导机制的转变

（Primiceri，2005）。

构建步骤如下。

首先，构造最基本的一元模型：

$$y_t = c_t + B_{i,t}y_{t-1} + \cdots + B_{k,t}y_{t-k} + u_t, \quad t = 1, \cdots, T \tag{5.1}$$

其中，y_t 是 $n \times 1$ 的可观测内生变量向量，c_t 是 $n \times 1$ 的时变截距项待估系数向量，$B_{i,t}$ 是 $n \times n$ 的时变系数矩阵，u_t 是异方差的不可观测的冲击，设其方差协方差矩阵为 Ω_t，为了方便表达和后期计算，设定为以下形式。

$$A_t\Omega_tA_t' = \Sigma_t\Sigma_t' \tag{5.2}$$

其中，A_t 设定为下三角矩阵：

$$A_t = \begin{bmatrix} 1 & 0 & \cdots & 0 \\ \alpha_{21,t} & 1 & \ddots & \vdots \\ \vdots & \ddots & \ddots & 0 \\ \alpha_{n1,t} & \cdots & \alpha_{nn-1,t} & 1 \end{bmatrix} \tag{5.3}$$

而 Σ_t 可设定为对角矩阵：

$$\Sigma_t = \begin{bmatrix} \sigma_{1,t} & 0 & \cdots & 0 \\ 0 & \sigma_{2,t} & \ddots & \vdots \\ \vdots & \ddots & \ddots & 0 \\ 0 & \cdots & 0 & \sigma_{n,t} \end{bmatrix} \tag{5.4}$$

那么式（5.1）可以写成：

$$y_t = c_t + B_{i,t}y_{t-1} + \cdots + B_{k,t}y_{t-k} + A_t^{-1}\Sigma_t\varepsilon_t \tag{5.5}$$

其中，ε_t 是独立同分布的误差项，且 $var(\varepsilon_t) = I_n$。

将系数向量化后，可将上式简化为：

$$y_t = Y_{t-1}'B_t + A_t^{-1}\Sigma_t\varepsilon_t \tag{5.6}$$

其中，$Y_{t-1}' = I_n \otimes [1, y_{t-1}', \cdots, y_{t-k}']$，时变截距项 c_t 可看作 $Y_{t-1}' = 1$ 时的时变系数，符号 $\otimes$ 为克罗内克乘积。

在系数估计的过程中，B_t 和 A_t 设定为符合随机游走过程，并且假设 A_t 是时变的。令 α_t 为非零向量，A_t 为非单位矩阵，σ_t 为对角矩阵 Σ_t 的向量。则动态的时变参数可以表述为：

$$B_t = B_{t-1} + v_t \tag{5.7}$$

$$\alpha_t = \alpha_{t-1} + \zeta_t \tag{5.8}$$

$$\log\sigma_t = \log\sigma_{t-1} + \eta_t \tag{5.9}$$

上述各式中各残差项（ε_t，v_t，ζ_t，η_t）相关的分布假设如下：

向量 B_t 设定为服从随机游走过程，标准差 σ_t 设定为集合随机游走，其他项均假定为服从联合正态分布。因而，可以得到（ε_t，v_t，ζ_t，η_t）的方差协方差矩阵为：

$$var\begin{bmatrix} \varepsilon_t \\ v_t \\ \zeta_t \\ \eta_t \end{bmatrix} = \begin{bmatrix} I_n & 0 & 0 & 0 \\ 0 & Q & 0 & 0 \\ 0 & 0 & S & 0 \\ 0 & 0 & 0 & W \end{bmatrix} \tag{5.10}$$

其中，I_n 为 n 维的单位矩阵，而 Q、S 和 W 均为正定矩阵。

在上一章中所构建的 MF – FAVAR 的最终形式如下：

$$\begin{bmatrix} F_t^x \\ F_t^y \end{bmatrix} = A(L)\begin{bmatrix} F_{t-p}^x \\ F_{t-p}^y \end{bmatrix} + \eta_t \tag{5.11}$$

其中，F_t^y 为货币政策的潜在因子向量，F_t^x 为各类经济活动的可观测指标向量 X_t 的潜在因子。$A(L)$ 为滞后阶数为 p 的滞后多项式，L 为滞后算子，η_t 服从独立同分布向量。将式（5.11）各项与简化后的式（5.6）逐一对应，则可以构建新的 TVP – SV – MF – BFAVAR 如下：

$$\begin{bmatrix} F_t^x \\ F_t^y \end{bmatrix} = A(L)B_t\begin{bmatrix} F_{t-p}^x \\ F_{t-p}^y \end{bmatrix} + A_t^{-1}\Sigma_t\varepsilon_t \tag{5.12}$$

本章假设模型的参数（截距向量和系数矩阵）是随机变量，任何 VAR 方程的系数均服从随机游走过程，MCMC 过程参照中岛（Nakajima，2011）的设定。

5.3 假设与数据设定

5.3.1 假设设定

根据前文的最初假设，并结合上一章的实证结果的初步结论和推断，本章设定假设如下。

假设一：我国货币政策的有效性具有明显的时变特征。

假设二：以金融危机为分水岭，数量型货币政策有效性降低，价格型货币政策更为有效。

假设三：我国货币政策有效性随经济发展状况产生波动。

5.3.2　数据说明

本章应用前文构建的 TVP - SV - MF - BFAVAR 模型，以及在上一章中构建的各个经济活动和货币政策指数数据，构造了两个三变量（货币政策、产出和通胀）的模型来研究我国货币政策有效性的时变特征。数据的时间跨度依然是从 2000 年 1 月～2019 年 12 月，在估计时选择了两期滞后。吉布斯抽样设定为 20000 次迭代，并为收敛效果消掉了前 6000 次。

同第 4 章一样，本章依然采用的是有信息先验的贝叶斯估计，参照前人研究经验，一般先验估计通常设置为总样本的 1/5 左右，例如普利米切利（Primiceri，2005）一文中，所选取的数据时间跨度为 49 年（1953 年 Q1～2001 年 Q4），而用来计算先验分布的为前 10 年（1953 年 Q1～1962 年 Q4）的数据。而本书的样本时间跨度为 2000 年 1 月～2019 年 12 月，共计 20 年（240 期）。因此，本书设定 2000 年 1 月～2003 年 12 月 4 年（48 期）的数据作为先验分布系数估计的数据。因而实际展示的结果为 2004 年～2019 年 15 年（192 期）的估计结果。这期间囊括了金融危机时期，金融危机后的快速复苏期，以及经济步入新常态时期，涵盖了本书要主要研究的几个关键时期。

为了在获取有效结果的同时，也为本书构建的研究框架提供稳健性检验，本章选择另一种常用的先验分布——逆威沙特分布（inverse - Wishart）。B_0 的均值和方差被用来计算普通最小二乘（OLS）的点估计（$\hat{B}_{OLS}$），4 倍的方差用来估计最初的二次抽样的时不变的 VAR 模型。A_0 的先验设定也采用同样的方法。

$$B_0 \sim N(\hat{B}_{OLS}, \ k_B \cdot V(\hat{B}_{OLS})) \qquad (5.13)$$

$$A_0 \sim N(\hat{A}_{OLS}, \ k_A \cdot V(\hat{A}_{OLS})) \qquad (5.14)$$

对于 $\log\sigma_0$ 分布的均值用来进行时不变 VAR 模型的标准差 OLS 估计。其方差协方差矩阵为 4 倍的单位矩阵。

$$\log\sigma_0 \sim N(\log\hat{\sigma}_{OLS}, \ 4 \cdot I_n) \qquad (5.15)$$

而对于逆威沙特先验分布的自由度和矩阵规模的超参数设定如下，W 阵的自由度设定为 4，S_1 和 S_2 的自由度分别设定为 2 和 3（均为 1 + 各自矩阵的维度）。Q 阵的自由度（τ）设定为 48，即前文所讨论的最初的二次抽样的数据规模。综上可以得到经典的逆威沙特先验：

$$Q \sim IW(k_Q^2 \cdot \tau \cdot V(\hat{B}_{OLS}),\ \tau) \tag{5.16}$$

$$W \sim IW(k_W^2 \cdot 4 \cdot I_n,\ 4) \tag{5.17}$$

$$S_1 \sim IW(k_S^2 \cdot 2 \cdot V(\hat{A}_{1,OLS}),\ 2) \tag{5.18}$$

$$S_2 \sim IW(k_S^2 \cdot 3 \cdot V(\hat{A}_{2,OLS}),\ 3) \tag{5.19}$$

其中，S_1 和 S_2 是 S 的两部分，其中 $\hat{A}_{1,OLS}$ 和 $\hat{A}_{2,OLS}$ 代表了 $\hat{A}_{OLS}$ 的两个一致的部分。对于本章的估计参数设定如下：$tau = 48$，$k_A = k_B = 4$，$k_Q = 0.01$，$k_S = 0.1$，$k_W = 0.01$。同时，本书通过 R 语言借助 R 包 "bvarsv"（Krueger，2015）来完成系数和脉冲响应的估计过程，借助 R 包 "plot3D"（Soetaert，2019）来完成三维脉冲响应图的绘制过程。

5.4　结　果　讨　论

图 5.1～图 5.4 分别展示了价格型和数量型货币政策工具对产出和通胀冲击的三维（3D）脉冲响应图。X 轴为响应时期，Y 轴为年份，Z 轴为产出或通胀对货币政策的响应强度。

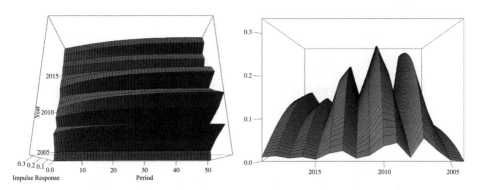

图 5.1　价格型货币政策工具对产出的冲击 3D 脉冲响应

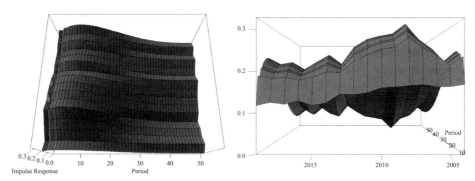

图 5.2　数量型货币政策工具对产出的冲击 3D 脉冲响应

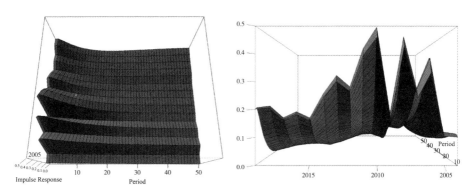

图 5.3　价格型货币政策工具对通胀的冲击 3D 脉冲响应

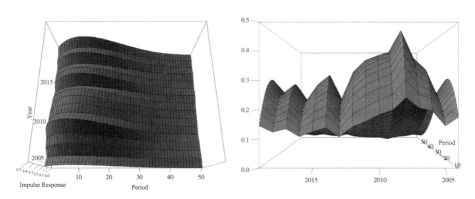

图 5.4　数量型货币政策工具对通胀的冲击 3D 脉冲响应

　　对于假设一，通过对图 5.1 ～图 5.4 的观察，可以总结出我国货币政策工具的有效性具有较为明显的"时变"特征，因而假设一成立。具体来看，价格型货币政策工具有效性随时间推进的波动较为明显，推测可能与经济周期波动和利率传导途径存在一定相关性。而数量型货币政策工具的有效性则表现得相对"稳定"，波动较价格型工具小一些。

对于假设二，通过对比不难看出，金融危机前后价格型货币政策工具有效性确有提升，但数量型工具的有效性并没有明显降低，因此，无法将其可以看作两种货币政策工具有效性产生"交换"的分水岭，这个结论与前人文献研究结论有所不同。因此，前文的假设二不成立。实际上，在后金融危机的快速复苏时期，价格型工具的有效性要高于货币性工具，但在经济步入新常态时期，数量型货币政策工具的实施效果略高于价格型工具。因此，本书的研究结论认为，随着利率市场化改革的不断推进，价格型货币政策工具的有效性在金融危机前后有了较大提升，但如前文分析所述，存在较大的波动性。数量型货币政策工具的有效性并没有产生大幅下降，而是持续在一个较为平稳的水平。

为了更好地判定假设三，本书将 GDP 增速的变动率作为经济发展状况的粗略标准。同图 5.1、图 5.3 和图 5.5 进行对比分析可以得出，价格型货币政策有效性的波动与 GDP 增速的变动率相似度颇高。这也解释了为何在后金融危机的快速复苏时期，价格型货币政策该工具的有效性较高。因此，本书认

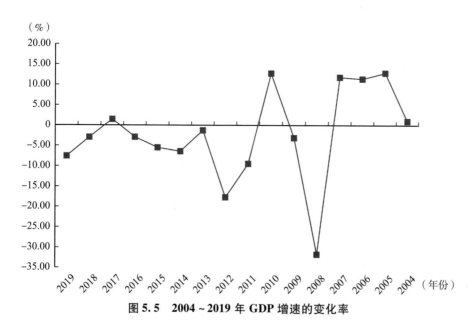

图 5.5　2004 ~ 2019 年 GDP 增速的变化率

为，价格型货币政策的有效性受经济发展状况的影响较大。即，当经济发展较好时，价格型货币政策颇为有效；当经济发展面临挑战时，价格型货币政策的有效性也会随之降低。而数量型货币政策的有效性则相对稳定一些，受经济波动影响相对较小。因而可以推断出与上一章相近的结论，即面临经济危机等波动时期，数量型货币政策工具如同一把"双刃剑"，在对产出有较好的影响效果的同时，对通胀也产生较大的影响。而在经济较好时，价格型货币政策工具是一个更好的选择，在能够温和、绵延且有效地带动产出的同时，对通胀产生的冲击可以较快地消融；但在经济下滑时，价格型货币政策工具则表现不佳。

对于新常态时期，整个货币政策的有效性在步入新常态后，均有所降低，但仍保持一定的有效性和各自的特点。纵观整个新常态时期的脉冲响应情况，数量型货币政策工具展现了其"双刃剑"的特点，对产出和通胀的冲击均略高于价格型工具。而价格型货币政策工具，展现出了一定的有效性，对产出的冲击温和而持久，对通胀的冲击较快消融，但也存在增速下滑期政策效果乏力的特点。

另外，通过观察图 5.1 ~ 图 5.4 的脉冲响应，不难总结出两种货币政策工具有较为明显的异质性：

（1）持续时间不同。价格型货币政策工具对产出冲击的影响会绵延较长的时间，在 70 ~ 80 期才趋近于 0，而对通胀的冲击则可以较快地消融，平均在 10 ~ 20 期。数量型货币政策工具对产出的影响时间则较短，更像是"一锤子买卖"，大概在 30 ~ 40 期便开始趋近于 0。

（2）冲击方式不同。价格型货币政策工具对产出和通胀的冲击均相对较为温和，刺激强度不高，因此，更适合经济稳定发展的阶段。而数量型货币政策工具带来的冲击则相对猛烈一些，因此，在经济滑坡时有更好的刺激效果。

（3）稳定性质不同。价格型货币政策工具受经济波动的影响较大，在经济乐观发展和经济滑坡时的表现截然不同。而数量型货币政策工具表现则更为平稳，在面对各种纷繁复杂的经济形势时，均能较好地保持自身特点。

5.5 本 章 小 结

本章的实证结果证明了我国的货币政策存在较为明显的时变特征。不同的货币政策工具也存在较大的异质性，数量型工具犹如一剂猛药，高产出高通胀，且持续时间短；价格型工具则要温和许多，且持续时间长。与前人研究结论不同，本书研究结果认为，金融危机时期并不能看作两种货币政策工具有效性"交接"明显的分水岭。

分时期来看，在经济发展较好时，价格型货币政策工具对产出的有效影响不输于数量型货币政策工具，同时产生的对通胀的冲击也可以在相对较短的时期内消融。相对来说是一个较好的选择。而面对经济滑坡时，价格型货币政策工具表现不佳，因此，尽管带来较高的通胀，但数量型工具仍是极具性价比的选择。整体来看，在经济步入新常态后，我国货币政策的有效性均有所降低，可见仅仅依靠货币政策很难达到较好的政策效果，因此，需要与各类调控政策协同发力。

第 6 章

货币政策对实际经济活动影响的
有效性及时变特征研究

本章在前文研究的基础上，纳入新的指标数据，构建财政政策指数，以及资本市场、房地产市场和实体经济三个实际经济活动指数，利用第 5 章构建的新型 TVP – SV – MF – BFAVAR 研究框架，对货币政策对关键经济活动的有效性及时变特征进行研究，并对比两种货币政策工具对不同经济活动的影响。

6.1 引　　言

宏观经济调控中实施货币政策工具的有效性，在很大程度上取决于其在关键经济活动影响的有效性（Masuda，2015；Champagne and Sekkel，2018）。2000 年以来，我国经历了多次经济结构的变革（He et al.，2013），通过前文的研究不难发现，我国数量型和价格型货币政策的有效性也发生了诸多变化，那么不同货币政策工具对关键经济活动影响的有效性必然也发生了一定的变化。有些学者认为，随着金融市场化改革的不断推进、金融科技的日新月异，各种证券化产品和金融衍生品层出不穷，高度货币化的金融产品为市场注入更多活力，将在吸引流动性的同时，潜移默化地影响了货币政策的传导机制（刘金全和郑获，2018）。我国经济已经出现"流动性陷阱"的苗头，即任何超额投入的流动性均会被作为现金持有（张炜等，2019；戴国强，2017），从而导致宽松的货币政策并不能达到刺激经济的目的。也有部分学者认为，我国市场"脱实向虚"现象严重，这将导致宽松货币政策产生的流动性没有注入到实体经济，而是跳过这一环节直接在金融市场内循环（金春雨和张浩博，2016；李世美和沈丽，2019；马理和范伟，2019）。2019 年末暴发的新冠疫情，全球经济因为病毒的扩散而面临巨大的挑战。为了应对挑战，世界各国纷纷出台了相应的提振经济的举措，货币政策作为一项重要的宏观调控手段，在新冠疫情扩散以来，频繁地出现在人们的视野中。而后由于新冠疫情在美国的扩散急转直下而开启了频频降息之旅，即便如此，美国总统特朗普依然认为美联储的政策不够"给力"。随之而来的是美联储"赌气"似地将联网基金目标利率降至0～0.25%，标志着美国自金融危机之后重回零利率时代。与此同时，鲍威尔还宣布退出了 7000 亿美元的量化宽松计划，并将数千家银行的存款准备金率调整到 0。此举无疑极大地影响了全球经济预期的判断，伴随着美股及多国股市的数次熔断，全球市场崩溃加剧。

我国人民银行为应对新冠疫情带来的经济下行的压力，在步入 2020 年后已两次下调金融机构存款准备金率。首次降准是在 2020 年 1 月 1 日，央行决定于 2020 年 1 月 6 日下调存款准备金率 0.5 个百分点。3 月 13 日，央行宣布于 2020 年 3 月 16 日实施普惠金融定向降准，对达到考核标准的银行定向降准0.5～1 个百分点。除此之外，对符合条件的股份制银行再额外定向降准 1 个百分点，支持发放普惠金融领域贷款。以上定向降准共释放长期资金 5500 亿元。其实在最近一次下调存款准备金率之前，国家已经释放了明确的降准信号。随着国内疫情逐渐好转，2020 年 3 月 10 日的国务院常务会议要求抓紧出台普惠金融定向降准措施，并额外加大对股份制银行的降准力度，促进商业银行加大对小微企业、个体工商户贷款的支持，帮助复工复产，推动降低融资成本。与此同时，2020 年 3 月，中共中央政治局常务委员会召开会议提出，加快 5G 网络、数据中心等新型基础设施建设进度。"新基建"的提出代表了财政即将发力，新一轮积极的财政政策即将到来，与货币政策互相配合，打好"战疫"的组合拳。国内市场舆论也普遍认为，此次定向降准有助于推动降低融资成本，推动实体经济的复产复工；有助于增强流动性，增强资本市场向好趋势；也有助于稳定房地产市场信心。

面对新冠疫情带来的经济增长压力，中美两国均采取了积极的货币政策，但取得了截然不同的效果。可见货币政策的有效实施，面对不同的大环境和变动趋势，货币政策有效性的传导途径和机制势必也会发生不同的变化，货币政策对经济的提振作用也将发生改变。然而，由于各地复产复工步调不一致，经济循环尚未回到正轨，货币政策释放的流动性难以流入实体经济，带来资产泡沫化风险，妨碍疫情后中国经济的恢复。要警惕复产复工不一致导致的物价上涨带来的"滞胀"风险，反而有损于实体经济的恢复。货币政策与财政政策一齐发力，大规模的经济扩张计划也容易导致资金率先涌入资本市场，催生大量资产泡沫。

综上所述，尽快厘清我国货币政策在不同的时期，配合不同程度的财政政策，在不同的经济大环境下，对关键经济活动影响的有效性及变化特征至关重要。因此，本章在前文研究的基础上，基于第 4 章和第 5 章所构建的 TVP - SV - MF - BFAVAR 研究框架，筛选共计 50 个指标数据，时间跨度为 2000 年 1 月至 2019 年 12 月，构建各类货币政策及关键经济活动（资本市场、实体经济和房地产市场）的代理指数。并以此作为对象来研究我国货币政策传导机制的时变特征，探寻我国应对疫情所打出的这套货币与财政政策的组合拳可能带来的影响，以期为新冠疫情结束后的经济复苏，和政策制定提供客观、真实、可靠的实证研究结论和建议。

6.2 模 型 构 建

在上一章中，本书构建了一种以 VAR 模型为基础的新型研究框架 TVP - SV - MF - BFAVAR，来研究我国货币政策的时变特征：

$$
\begin{bmatrix} F_t^x \\ F_t^y \end{bmatrix} = A(L) B_t \begin{bmatrix} F_{t-p}^x \\ F_{t-p}^y \end{bmatrix} + \eta_t \tag{6.1}
$$

其中，F_t^y 为货币政策的潜在因子向量，F_t^x 为各类经济活动的可观测指标向量 X_t 的潜在因子。$A(L)$ 为滞后阶数为 p 的滞后多项式，L 为滞后算子，待估参数 $B_t = \{c_t, B_{1,t}, B_{2,t}, \cdots, B_{p,t}\}$；$\eta_t = A_t^{-1} \Sigma_t \varepsilon_t$。

本章除了在研究框架中增加了时变因素，还对上一章所构建的潜在因子的构成指标进行了重新调整。本章又通过指标筛选，利用之前相同的混频方法和因子提取方法，分别针对资本市场（capital market，CM）、实体经济（real economy，RE）和房地产市场（real estate market，REM）构建三个实际经济活动指数。同时，为了研究财政政策与货币政策联动效果，以及剔除与货币政策同期的财政政策带来的影响，本章选用了月度的国家财政支出预算（fiscal expenditure budget，FEB）指标作为控制变量，加入模型之中：

$$\begin{bmatrix} F_t^x \\ F_t^y \\ Z_t \end{bmatrix} = A(L)B_t \begin{bmatrix} F_{t-p}^x \\ F_{t-p}^y \\ Z_{t-p} \end{bmatrix} + \eta_t \tag{6.2}$$

其中，F_t^y 依然为货币政策的潜在因子向量，F_t^x 为实际经济活动的可观测指标向量 X_t 的潜在因子向量，Z_t 为财政支出控制变量。$A(L)$ 为滞后阶数为 p 的滞后多项式，L 为滞后算子，待估参数 $B_t = \{c_t, B_{1,t}, B_{2,t}, \cdots, B_{p,t}\}$；$\eta_t = A_t^{-1}\Sigma_t\varepsilon_t$。先验分布的设定与模型估计继续沿用第 5 章的做法。

6.3　数　据　说　明

6.3.1　数据处理

本章研究用到的数据依然为季度、月度和日度三种不同统计频率的数据。除前文介绍过的货币政策相关的 10 个指标外，又增加了 39 个指标来分别组建财政政策、资本市场、房地产市场和实体经济四个指数（见表 6.1 ~ 表 6.4）。数据的时间跨度依然为 2000 年 1 月 ~ 2019 年 12 月。为了消除如春节等原因带来的缺失值的影响，本章依然采用前文所述的两种方式对缺失值进行填充。对于部分产出数据，可以通过一些相关指标数据进行较为精准的推算。而其他的缺失值则通过上文提到的结构时间序列模型和卡尔曼滤波器以及莫里茨等（Moritz et al.，2017）开发的 R 包进行填充。由于本章不存在不规则变动的指标，因此，无须特殊说明。

表 6.1　　　　　　　　　　　　财政政策指标数据描述

指标	ID	频率	起始时间	结束时间
财政预算支出	Fisc	月度	2000M01	2019M12

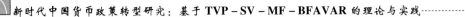

表 6.2 资本市场指标数据描述

指标	ID	频率	起始时间	结束时间
上证综合指数	SHCI	日度	2000M01	2019M12
沪深 300 指数	CSI300	日度	2004M12	2019M12
深证成份指数	SZCSI	日度	2000M01	2019M12
深证综合指数	SZCI	日度	2000M01	2019M12
中小板综指	KLCI	日度	2005M06	2019M12
创业板指数	GEMI	日度	2010M05	2019M12
中债综合指数	CBCI	日度	2002M01	2019M12
中债总指数	CBTI	日度	2002M01	2019M12
商品期货指数	CFI	日度	2012M01	2019M12
A 股总市值	MVAS	日度	2000M01	2019M12
境内上市公司总市值	MVDL	月度	2000M01	2019M12
国债交易成交金额	TBTT	月度	2002M01	2019M12
期货成交额	FT	月度	2006M01	2019M12
股票成交金额	ST	月度	2000M01	2019M12
债券市值	BMV	月度	2007M01	2019M12

表 6.3 房地产市场指标数据描述

指标	ID	频率	起始时间	结束时间
房地产开发投资完成额	REDIC	月度	2000M03	2019M12
房屋施工面积	RECA	月度	2000M03	2019M12
房屋新开工面积	NRES	月度	2001M03	2019M12
商品房销售额	CPS	月度	2000M03	2019M12
商品房销售面积	CPSA	月度	2000M03	2019M12
国房景气指数：综合指数	NREICI	月度	2000M01	2019M12
二线城市商品房销售价格	RESP2	月度	2001M02	2019M12
一线城市商品房销售价格	RESP1	月度	2001M02	2019M12
一线城市商品房销售面积	RESA1	月度	2000M02	2019M12
二线城市商品房销售面积	RESA2	月度	2000M02	2019M12

表 6.4　　　　　　　　　　　　实体经济指标描述

指标	ID	频率	起始时间	结束时间
GDP：实体	GDP：RE	季度	2000Q1	2019Q4
农林牧渔业总产值	AFAF	季度	2000Q1	2018Q1
企业景气指数：交通运输、仓储及邮政业	BCI：TSP	季度	2000Q1	2019Q4
企业景气指数：信息传输、计算机服务和软件业	BCI：IC	季度	2002Q1	2019Q4
企业景气指数：住宿和餐饮业	BCI：AC	季度	2002Q1	2019Q4
行业景气指数：采矿业	IPI：Mini	季度	2000Q1	2019Q4
行业景气指数：电力、燃气及水的生产和供应业	IPI：EGW	季度	2002Q1	2019Q4
行业景气指数：制造业	IPI：Manu	季度	2002Q1	2019Q4
PMI	PMI	月度	2005M01	2019M12
发电量	PG	月度	2000M01	2019M12
工业增加值	IPA	月度	2000M01	2019M12
货运量总计	TFV	月度	2000M01	2019M11
社会消费品零售总额	RSSC	月度	2000M01	2019M12

本书依据前文研究文献中所选指标和数据的可得性，筛选出上述共计 39
个指标来支撑本书的研究。其中，实体经济中的指标"GDP：实体经济"是由
"GDP"减去"GDP：金融市场"和"GDP：房地产市场"两项指标计算所得。
在对原始数据处理的过程中，本书将数量型数据转换为同比增长率，以消除价
格和季节变动的影响。并将部分数据进行标准化和差分处理，以获取平稳的时
间序列数据。本书数据均来自中国统计年鉴、国家统计局官网，以及 Choice 数
据平台。

6.3.2　指数构建

价格型和数量型货币政策指数依然沿用第 4 章所构建的结果。而对于三
个实际经济活动指数构建过程则依然沿用第 4 章设定的方法。对于财政政策
则应用全国财政预算支出指标作为其代理变量。获取的资本市场、房地产市
场和实体经济三个经济活动指数与它们的主要构成指标的对比如图 6.1 ～
图 6.3 所示。

从图 6.1～图 6.3 中可以看出，所构建的三个实际经济活动指数可以较好地反映出各途径的主要波动趋势。同样，各个主要指标的一些波动与其所构成的渠道指数的波动略有不同。根据前文文献的分析（Bernanke et al.，2005；Liu et al.，2019），这些不同的波动便是其他指标反映的信息，无法通过某一单一指标观测到。

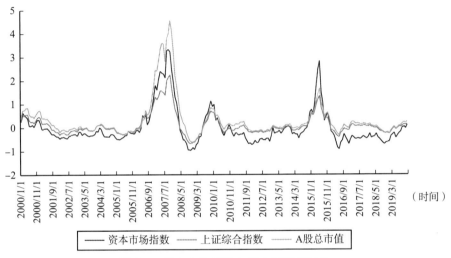

图 6.1　资本市场指数与其主要指标对比

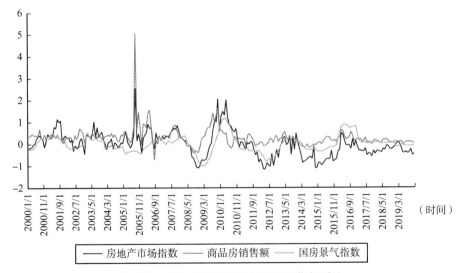

图 6.2　房地产市场指数与其主要指标对比

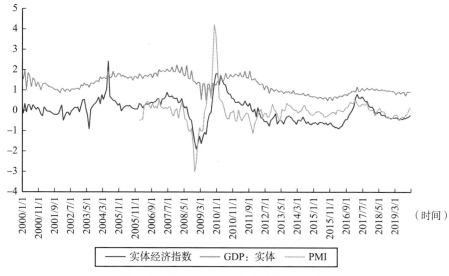

图 6.3　实体经济指数与其主要指标对比

6.4　结　果　分　析

6.4.1　资本市场

1. 价格型货币政策

图 6.4 展示了资本市场对价格型货币政策的脉冲响应图，不难发现，价格型货币政策对资本市场的冲击是正向的，但普遍存在 1～5 期的滞后，其影响峰值大都在 6～10 期，大概在 30 期之后开始趋近于零。即在对价格型货币政策进行冲击后，有一个短期的政策见效过程，紧接着价格型工具所释放的流动性很快便涌入了资本市场。

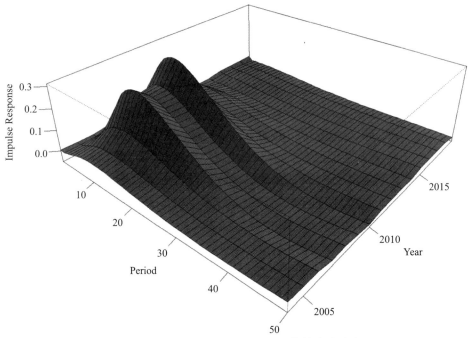

图 6.4 资本市场对价格型货币政策的脉冲响应

由图 6.4 可以看出，资本市场对价格型货币政策的响应具有典型的时变特征。在金融危机之前以及之后的复苏阶段，价格型货币政策工具对资本市场的冲击较为明显，说明在这两个阶段，资本市场是价格型货币政策工具的重要传导渠道。而当步入新常态以来，价格型工具对资本市场的影响逐渐降低，影响方式也发生了变化。可以推断，在经济步入新常态之后，资本市场逐渐不再是价格型工具所释放流动性的主要承接渠道。

表 6.5   三项经济活动在三个不同时期对三种不同宏观经济政策的响应平均峰值

经济活动		金融危机期间	快速复苏时期	新常态以来
资本市场	价格型货币政策	0.2344	0.1377	0.0173
	数量型货币政策	0.2275	0.2094	0.1814
	财政政策	- 0.0664	- 0.0902	- 0.1255
房地产市场	价格型货币政策	0.2972	0.3007	0.1162
	数量型货币政策	0.1874	0.1853	0.1393
	财政政策	- 0.0989	- 0.0998	- 0.1504
实体经济	价格型货币政策	0.3167	0.2547	0.1033
	数量型货币政策	0.2240	0.2223	0.1691
	财政政策	0.1043	0.1092	0.1172

2. 数量型货币政策

与价格型货币政策相比略有不同,从图6.5可以看出,数量型货币政策工具对资本市场的冲击则"直接"得多。即给予数量型货币政策工具冲击往往首先冲入了资本市场(1~4期),但这份繁荣犹如"龙卷风",来得快去得也快。在20期之前,数量型工具所带来的繁荣便消失殆尽,很快便转移到了其他的渠道或产业。这也体现出资本市场是数量型货币政策工具释放流动性的"始发站",是其主要的有效性传导途径。

分时期来看,数量型货币政策冲击对资本市场带来的影响没有明显的时变特征,各个时期均较为平稳。但不难看出,随着时间的推移,数量型工具冲击对资本市场的影响在轻微的逐步下降,并且波动也愈发平缓。但效果的变动较价格型工具更为平缓。

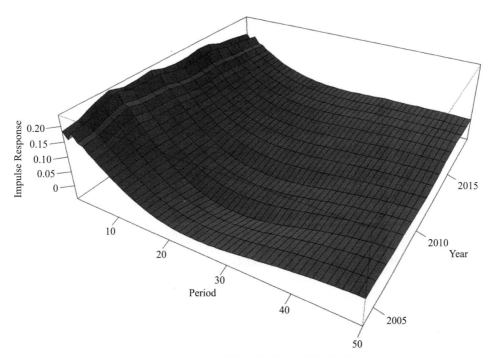

图6.5 资本市场对数量型货币政策的脉冲响应

3. 财政政策

整体来看,财政政策对资本市场存在明显的负向影响,政策效果也存在较短（3 期之内）的滞后期，影响效果在 20 期左右趋近于 0。该结果也明显地表达出财政支出的刺激计划，通常资金不会流入资本市场，而资本市场也从来不是财政政策的落脚点。

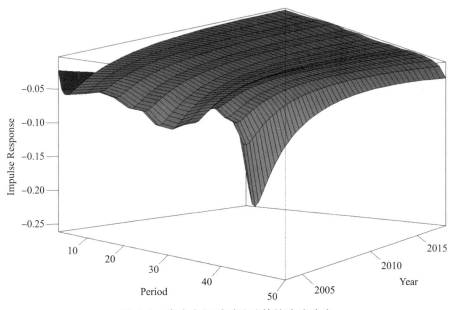

图 6.6　资本市场对财政政策的脉冲响应

　　分时期来看，在金融危机之后的经济快速复苏时期，以及步入经济新常态后的近几年，财政支出对资本市场均有较为明显的负向作用。可能的推测是政府通过扩大财政支出积极推动经济增长，财政支出资金通常投向专门的特定领域，特定领域产业的繁荣势必吸引了资本市场资金，故在这两个阶段里，财政政策对资本市场有着比较明显的挤出效应。

6.4.2　房地产市场

1. 价格型货币政策

　　价格型货币政策对房地产市场的冲击存在一个明显的正向且持续的影响过程（见图 6.7）。但响应速度要较资本市场晚一些，峰值普遍集中在 10 ~ 15 期。可见房地产市场对于价格型货币政策工具相对比较敏感，但并不是价格型工具所释放流动性的第一站。在 40 期之后，价格型政策冲击带来的房地产市场的繁荣才开始趋近于 0。

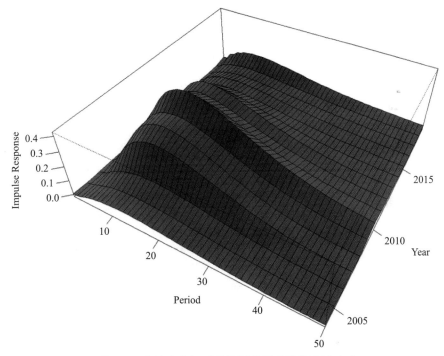

图 6.7　房地产市场对价格型货币政策的脉冲响应

分阶段来看，在金融危机时期及其之后的快速复苏阶段是房地产市场响应价格型货币政策最剧烈的时期，这个阶段价格型货币政策带来的影响普遍较强并且持续时间长。其影响力在 2007 年开始提升，至 2010 年达到巅峰，而后逐步下降。在经济步入新常态的 2015 年到达低谷，而后逐年有小幅回升。可见价格型货币政策工具对房地产市场的影响也具有较强的时变特征。在金融危机及快速复苏阶段，价格型工具的有效性较强，而步入新常态之后，价格型工具的有效性已逐渐减弱。

2. 数量型货币政策

整体来看，在响应时间上与资本市场不同，房地产市场对数量型政策冲击反应略有迟滞，其影响力在 8 ~ 10 期达到峰值，随后开始衰减，50 期之后逐渐趋近于 0。

分时期来看，同资本市场近似，数量型货币政策冲击对房地产市场的影响没有明显的时变特征，各时期下冲击的影响力波动较为稳定，但步入新常态以来影响力略有下降。

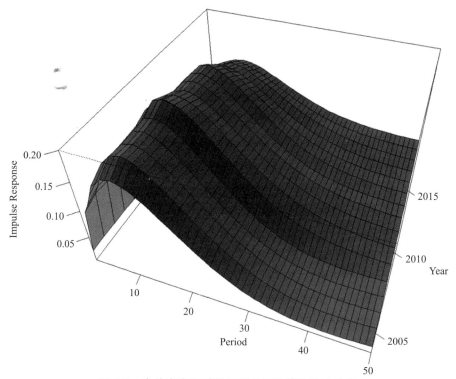

图 6.8　房地产市场对数量型货币政策的脉冲响应

3. 财政政策

同资本市场相同，财政政策对房地产市场的冲击也是基本以负向影响为主，这也体现了财政支出对房地产市场，特别是商业地产存在普遍的挤出效应，带动了行业资金的流出。但这种挤出效应持续时间较短，从图 6.9 不难看出，面对财政支出的冲击，这种挤出效应出现得非常迅速，大概在 2 ~ 4 期达到峰值，随后便迅速消融，在 10 期左右基本收敛。

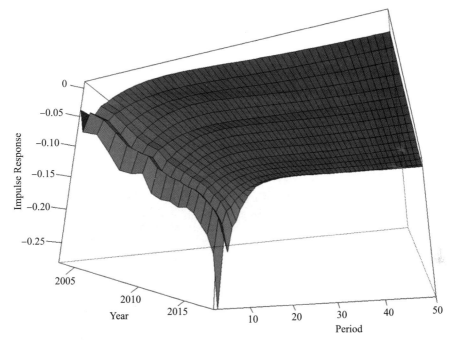

图 6.9　房地产市场对财政政策的脉冲响应

从不同的阶段来看，这种挤出效应在金融危机期间和快速复苏阶段均表现平稳，在经济步入新常态后，逐渐增强，在 2019 年达到顶峰。但商业地产受产业政策调控的影响较大，这种现象或与政策限制商业地产泡沫以及近两年持续的扩张性财政政策相关。

6.4.3　实体经济

1. 价格型货币政策

从实体经济对价格型货币政策工具的脉冲响应（见图 6.10）来看，当给予价格型货币政策工具一单位冲击时，实体经济存在一个缓慢而长期持续的响应过程。峰值的出现从 15 期持续至 25 期，随后开始缓慢的下降，在 45 期左右开始接近收敛，但第 50 期仍未结束。

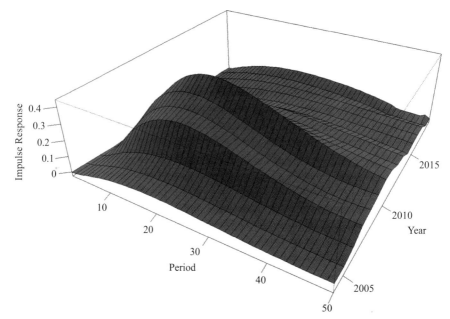

图 6.10　实体经济对价格型货币政策的脉冲响应

　　分时期来看，价格型货币政策对实体经济的影响存在较为明显的时变效应。从表 6.5 可以看出，自金融危机时期开始，价格型货币政策对实体经济的影响逐渐减弱，步入新常态时达到最低，但此后有逐年恢复的趋势。结合第 5 章的结论，可以认为这种变化与价格型货币政策有效性本身的时变特征相关。

2. 数量型货币政策

　　相较于价格型货币政策，数量型货币政策冲击对实体经济的促进效果虽然有一定的迟滞，峰值出现的时间在 10 ~ 20 期，但整体要快一些。并且政策冲击效果持续时间也同价格型工具一样时间较长，大概在 50 期前后开始收敛。但同资本市场及房地产市场相比，实体经济对调控政策的响应时间普遍较久。

　　从图 6.11 不难看出，数量型货币政策工具对实体经济的影响几乎没有时变效应。唯一的时变特征可以归纳为，在金融危机期间及经济步入新常态后，数量型工具对实体经济的冲击影响收敛（图中下降）更快，在 48 期前已经完成收敛，而快速复苏阶段的收敛速度较慢，在 50 期仍未完全收敛。

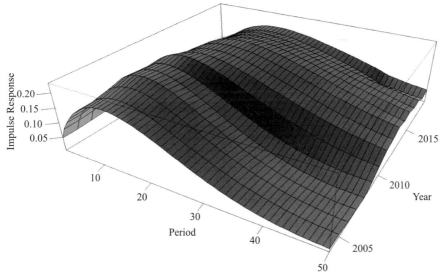

图 6.11　实体经济对数量型货币政策的脉冲响应

3. 财政政策

财政政策对实体经济存在微弱的促进作用。

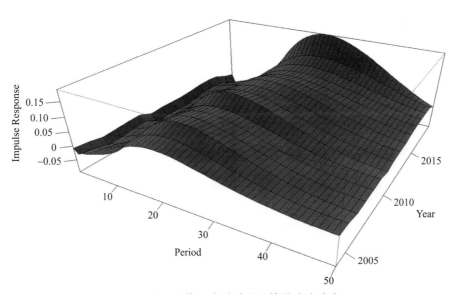

图 6.12　实体经济对财政政策的脉冲响应

新时代中国货币政策转型研究：基于 TVP－SV－MF－BFAVAR 的理论与实践 ············

分阶段来看，实体经济对财政支出冲击的响应的时变特征不甚明显。总结来看，在金融危机期间，财政支出冲击对实体经济影响的效果有所下降，在危机后的快速复苏时期，其调控效果也渐渐恢复，在经济步入新常态时期，尤其是 2018 年与 2019 年两期，出现了一定程度的攀升。

6.5 本章小结

通过对本章实证研究结论的分析不难看出，对于价格型货币政策而言，其对三项实际经济活动均有正向的冲击影响，但其影响有效性具有较为明显的时变特征。价格型政策工具对三大实际经济活动的影响均有较大的滞后性，且影响效果持续时间较长。自金融危机以来，其传导途径的有效性发生了较大的变化。在金融危机前后，价格性货币政策对三项经济活动均有较大影响。随着经济复苏阶段快速增长的结束，价格型货币政策工具对三个经济活动的影响力也逐渐降低。其中，资本市场尤为明显，这也体现出，在步入新常态之后，资本市场已逐渐不再是价格型货币政策工具主要的有效性传导途径。值得一提的是，三项经济活动对价格型货币政策的响应时间是三项宏观调控政策中最慢的，但其政策效果的持续时间是最久的，如表 6.6 所示。

表 6.6　　　　　三种调控政策对应三个经济活动的影响效果对比

经济活动	时期	价格型货币政策	数量型货币政策	财政政策
资本市场	最高峰值	0.31	0.23	－0.26
	平均峰值	0.0965	0.2014	－0.0919
	峰值时期	6~10 期	1~4 期	3~5 期
	持续时期	30 期	20 期	24 期
房地产市场	最高峰值	0.42	0.2	－0.25
	平均峰值	0.2031	0.1707	－0.1112
	峰值时期	10~15 期	8~10 期	2~4 期
	持续时期	40 期	40 期	10 期

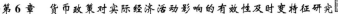

续表

经济活动	时期	价格型货币政策	数量型货币政策	财政政策
实体经济	最高峰值	0.44	0.23	0.18
	平均峰值	0.1801	0.2089	0.1086
	峰值时期	15～25 期	10～20 期	20～27 期
	持续时期	50 期	50 期	47 期

同价格型货币政策一样，数量型货币政策冲击对三项经济活动的影响也均为正向，并且均不具有特别明显的时变特征，相对比较稳定。但数量型货币政策对三个经济活动的响应速度有较大的区别，对资本市场响应最快在 1～4 期便已初显成效，而对于房地产市场需要 8～10 期，实体经济响应时间最慢，需要 10～20 期。同时，与刘金全（2018）的观点相同，本章结论认为，我国数量型货币政策已实施多年，传导机制已非常成熟，因此，其对三项经济活动的影响时变特征不甚明显，但普遍在步入新常态后，影响力有轻微下降。这或与上一章所得出的结论，货币政策有效性在步入新常态后下降有关。

表 6.7 总结了各调控政策有效性在不同渠道的传导特点。从整体的宏观角度看，财政支出正向冲击对资本市场和房地产市场的影响均为负，对资本市场而言，可能的解释有以下几点：财政政策可能对资本市场和房地产市场有较为明显的挤出效应；大规模的财政刺激计划通常发生在经济不景气的时期；由于本书财政支出指标为单一指标，财政政策并非本书的主要研究对象，因此，没有对财政支出做详细分类与讨论。并且，本书所构建的房地产市场指数，其构成指标以商业地产为主，其受该产业的宏观调控政策以及各地方的市场调控政策影响较大，故无法笃定地判定财政政策对房地产市场的确切影响。但以本书的实证结果分析来看，资本市场和房地产市场均不是财政支出释放流动性的渠道，而财政政策在宏观层面对资本市场和房地产市场有着较为明显的挤出效应，在一定程度上带动了两个市场的资金流出。虽然没有对实体经济指数做细分，但财政支出冲击对实体经济的整体影响为正向，且在近两年影响有一定的提升。

表 6.7　　　　　　　　　　各调控政策有效性的传导特点

经济活动	变量	价格型货币政策	数量型货币政策	财政政策
资本市场	响应速度	中	快	快
	持续时间	中	中	中
	效果	正	正	负
	时变特征	明显	不明显	明显
房地产市场	响应速度	慢	中	快
	持续时间	长	长	短
	效果	正	正	负
	时变特征	明显	一般	一般
实体经济	响应速度	极慢	慢	极慢
	持续时间	极长	极长	极长
	效果	正	正	正
	时变特征	明显	不明显	一般

第7章

结论与建议

本书通过系统梳理相关领域研究文献，国际发达经济体的货币政策演变历程，以及我国的利率市场化改革进程，提出相应的研究假设。根据相关文献研究和数据的可得性以及作者的研究经验，搜集了共计 73 个指数数据，包含季度、月度、日度三种频率，时间跨度为 2000 年 1 月 1 日 ~ 2019 年 12 月 31 日，数据均来自国家统计局官方网站、历年中国统计年鉴以及东方财富 Choice 数据库。同时，本书利用这 73 个数据，巧妙地进行分类，共计构成了 2 个货币政策指数，2 个经济活动指数，三个经济活动指数，通过与其传统（核心构成）指标的对比，可以发现，每个指数均能较好地反映出核心指标的波动情况。为更好地研究问题，为理论推理提供有力支撑，本书构建了新型的混频贝叶斯因子扩充向量自回归模型（MF – BFAVAR）以及带有时变参数和随机波动的混频贝叶斯因子扩充向量自回归模型（TVP – SV – MF – BFAVAR），以期得到更好的实证估计效果。现将研究结论总结与相应的政策建议总结如下。

7.1 研 究 结 论

7.1.1 价格型货币政策有效性得到提升

通过梳理已有文献不难发现，大多研究结论均认为，随着我国利率市场化以及各项改革的不断推进，积极肃清价格型货币政策工具的传导阻碍，使得我国价格型货币政策工具的有效性得以提升，特别是在金融危机期间，价格型工具的有效性得到了良好的展现。其实早在 2009 年我国央行已经将利率政策工具调整为主要调控手段，虽然在经济步入新常态后，有效性有所下降，但是跟随货币政策的整体变动，其有效性已逐步可以与已实施多年的数量型货币政策并驾齐驱，并表现出良好的通胀消融和持久影响产出的效果。

因此，可以判断，贯穿本书的假设一是成立的，费纳尔德（Fernald，2014）和刘等（Liu et al.，2019）的研究结论与判断是一致的，即我国价格型货币政策有效性得到长足的提升，已发展成宏观经济调控至关重要的工具之一。

7.1.2 数量型货币政策有效性没有显著下降

在梳理相关研究文献时，有部分文献研究认为，我国价格型货币政策工具有效性在得到提升的同时，数量型货币政策工具的有效性大幅下降，因此，价格型工具应取代数量型工具。但本书的研究结果推论认为，数量型货币政策工具的有效性并没有产生大幅下降，反而在刚步入新常态，经济增速快速下调的时段里，数量型货币政策工具的有效性略高于价格型工具。

数量型工具的优点在于响应速度快，有利于应对像"新冠疫情"这样的对经济带来的极大负面冲击，但其效果如同一把"双刃剑"，在创造高产出的同时，也会带来较高的通胀。

7.1.3 我国货币政策有效性具有明显的时变特征

在第 5 章的实证研究中，本书探索了我国货币政策有效性的时变特征。从研究结果来看，我国价格型货币政策的有效性存在明显的时变特征，其在金融危机期间以及其后的快速复苏期间，对产出和通胀均有较强的影响效果，在经济步入新常态之后效果有所减弱。

数量型货币政策工具的有效性也存在一定的时变特征，但没有价格型政策的波动剧烈，相对价格型工具更平稳一些，展现出其"成熟稳重"的一面。这也与刘金全（2018）的观点一致，即我国数量型货币政策已实施多年，有丰富的政策调控经验，传导渠道也已较为成熟。但同样在经济步入新常态后，政策效果也有所下降，但无论产出还是通胀，均略高于价格型货币政策，体现出其"双刃剑"的一面。

综上所述，可以推断，整体的货币政策有效性存在明显的时变效应，在金融危机和快速复苏期间均展现出较强效果，但在经济步入新常态以来，其政策有效性均有所下降。

7.1.4 不同货币政策对各实际经济活动的影响方式不同

本书的第 6 章沿用了第 5 章的方法，通过构建三个主要宏观政策调控影响的实际经济活动指数作为变量（资本市场、房地产市场和实体经济），试图探寻货币政策调控所释放的流动性去向。结论认为，价格型货币政策对三项经济活动均有正向影响，但存在较大的滞后性，不过政策效果持续时间较长。同时，政策效果存在较大的时变效应，这也与第 5 章的研究结论不谋而合。其中，资本市场的反应最为明显，这也体现出，在步入新常态之后，资本市场已逐渐不再是价格型货币政策工具的主要传导途径。

数量型货币政策工具对三项经济活动变量的影响也均为正向，较价格型货币政策而言，数量型工具实施在实际经济活动上的政策效果响应速度要快得多。但数量型货币政策工具的有效性在三个经济活动上并没有表现出较明显的时变特征，结合前文推论，本书认为，我国数量型货币政策已实施多年，传导机制已非常成熟，因此，其对三项经济活动的影响效果并没有表现出明显的时变特征，但普遍在步入新常态后，同整体的货币政策有效性一道，影响力有轻微下降。

7.1.5 各司其职的宏观经济政策

为探究货币政策与财政政策的"组合拳"联动效应，本书也加入了财政支出的代理变量一同进行探讨。实证结论可以总结为，三项宏观经济政策工具，各有所长。价格型货币政策工具的特点在于，不会轻易传导资本市场，持续时间长，调控较为温和，缺点是反应慢，不能应急解决问题。数量型货币政策工具则反应快，容易快速产生效果，传导渠道成熟，受经济大环境的影响较小，但效果大开大合，高产出伴随高通胀，持续时间也较短。财政政策则对资本市场和商业地产存在短暂的挤出效应，但对实体经济的影响较大，效果产生非常缓慢且持续时间较长。因此，本书结论认为，三项宏观经济调控政策工具各有特点，相辅相成，要相机抉择，才能发挥更好的功效。

7.1.6　经济步入"新常态"后宏观政策调控效果均有所变化

经济步入新常态后，货币政策整体有效性有所下降，两种货币政策工具的有效性也均有不同程度的降低。但数量型货币政策工具在对产出和通胀的影响上均略高于价格型货币政策工具，但持续时间较短。而价格型工具的有效性则恰恰相反。在对实际经济活动的影响上，经济步入新常态后，价格型工具调控的传导在资本市场已展现得微乎其微，房地产市场与实体经济虽有所下降，但仍保持效果。数量型工具调控的传导则相对比较稳定。而财政政策在经济步入新常态后，表现相对活跃，对三项经济活动的影响均有所提升，这或与近两年扩张性的财政支出有关。

7.2　政　策　建　议

7.2.1　继续拒绝"大水漫灌"，实施有针对性的调控政策

如前文结论所述，从整个时期来看，货币政策仍是造成通胀的主因，且货币政策大规模盲目释放的流动性，并不会完全进入实体经济，促进产业发展，同时也极易涌入资本市场和房地产市场，助推市场泡沫的产生。因此，如何把政策工具实施在"刀刃上"，流动性真正释放到关键之处，是我国货币政策实施首要考虑的问题。实际上，我国已经逐步开启了拒绝"大水漫灌"的粗放式调控模式，开启了诸如定向降准在内的一系列有针对性的调控措施。本书建议应继续深化、完善我国货币政策的"定向"能力和实施框架，使得货币政策工具调控可以像财政政策分类别支出一样，从自己的维度来做到流动性精细化释放，精准调控。

7.2.2　依据不同政策目标相机抉择

犹记在金融危机之后，世界各大经济体纷纷出台了量化宽松政策，时任中国人民银行行长的周小川同志在接受采访时便坦言，"在宽松的货币政策下，

央行将视具体经济情况而采用不同货币调控手段，并非单靠利率调整这一种货币政策"（李霞，2009）。

参照前文所述，各项经济调控政策工具均有各有不同的特点，价格型持久，数量型响应快，财政支出利于实体经济发展，等等。主流的观点认为，货币政策并非一个非此即彼的选择题，而是一主一辅。本书的研究结论支持此观点的前半句，即三项调控政策均不是非此即彼的选择题。同时，本书认为，调控政策没有长久的"主"和"辅"之分，切不能只考虑某一种货币政策工具，而是应当根据不同的经济环境，根据不同的预期目标，来相机抉择，将各类工具有机地结合起来，相辅相成，以期达到更好的调控效果。

7.2.3 继续积极推进利率市场化改革进程

在梳理我国货币政策演进过程和利率市场化改革过程中，本书提及了2015年我国最终完成了形式上的利率市场化，利率管制时代终结。但利率管制的结束并不意味着利率市场化改革的彻底完成，这只是这项改革活动的一个阶段的结束，同时也意味着另一个改革阶段的开始。

实际上，我国一直也没有停下推进利率市场化改革的步伐，在2015年打破利率市场化的"枷锁"之后，我国央行于2018年提出了要逐步取消利率"双轨制"，2019年完善贷款市场报价利率（LPR）的形成机制，个人住房贷款利率改为固定利率和钉住LPR两种选择模式。本书建议，我国应继续深化利率市场化改革，升级央行的基准利率体系，明确并完善我国的利率走廊机制，提升金融市场与金融机构针对不同货币政策的自主定价、风险控制的能力，为保障货币政策的有效实施廓清传导途径。

7.2.4 步入新常态后我国货币政策的选择

依照本书的结论显示，在经济步入新常态之后，货币政策的有效性、传导渠道均发生了一些变化。就货币政策整体而言，如前文分析所述，政策实施效果整体有所下降。同时，本书的结论认为，价格型货币政策工具有调控温和、效果持久的优势，不易向资本市场传导，但其生效速度较慢，且受宏观经济环境影响较大。数量型货币政策工具生效较快，实施经验丰富，效果稳定，受大环境变换影响较小，缺点是"大开大合"，易带来高通胀，持续时间短，对各个传导途径雨露均沾。财政政策则对实体经济有较好的促进作用，但是其生效时间极慢，周期长，宜提早布局。

根据前文的分析结论，本书认为，在经济稳定发展的阶段，适宜以价格型货币政策调控为主要工具，辅以数量型货币政策工具来应对不同的宏观经济波动。同时，货币政策应与财政政策保持联动，双管齐下，打好宏观经济政策调控的"组合拳"，保障政策效果的有效发挥。

7.3 不足与展望

7.3.1 研究不足

（1）未能结合模拟仿真的方法，来模拟在不同时期和不同经济环境的情景下我国货币政策的有效制定，不能很直观地展现出研究结果。

（2）未能纳入更多、更高频、更新型的数据，本书最初设想将纳入像"夜间灯光数据"、地图的"POI"数据、网络爬取的企业用工意愿岗位数量、平均薪酬等新型大数据，但由于多种原因未能实现。

（3）本书所构建的研究框架，均只能纳入三期混合频率的数据，在融入更多不同频率的方法上未找到新的突破口。

（4）构建指数的方法有很多，由于并非本书的主要研究内容，因此，未做太多的探讨，而是选用了最常见并且有效的主成分分析法。

（5）在构建"财政政策"指数时，由于未找到相关的研究支撑，本书单一地使用"全国财政预算支出"的月度指标数据作为财政政策指数，并未对此做过多的探讨。

（6）由于本书研究的是宏观层面的经济调控，在构建"实体经济"指数时，未按照产业类型或种类做详细区分，导致估计结果不够好。

（7）本书借用 R 语言及其扩展包刻画的三维脉冲响应图，虽能较好地展现货币政策的时变特征，但其存在一定缺陷，即每次只能产出一个角度的图片。无法进行交互，仍存在展示的死角。

7.3.2 研究展望

（1）在未来的研究中，结合各类模拟仿真模型的研究依然是热点方向，作者也拟在本书实证研究结论的基础上，继续通过 DSGE 或 ABM（Agent Based Modeling）等仿真方法，通过设定不同情形，继续对货币政策和宏观经济调控效果进行研究，以期可以更直观地展现研究结果。

（2）大数据在近几年的研究中非常火热，也展现出了一定的优势。在未来的研究中，将更高频的大数据等新型数据应用到宏观经济的研究当中是一种趋势。但由于宏观经济研究的特殊性，许多传统的经济指标虽然频率较低（如季度指标 GDP），但仍非常重要，很难做到完全摒弃传统数据而只采用大数据，那么在可预见的未来一段时间内，混合传统数据与新型数据的研究仍会是主流。

（3）指数构建方法本书未做深入的探讨，但在研究文献的过程中，发现该领域的研究文献与日俱增，相关的新型方法也层出不穷。在以后的研究当中，应当对指数构建方法的选择有所重视，以期获取更好的指数数据。

（4）笔者曾尝试利用各类三维地图绘制包和软件来制作可交互的三维脉冲响应图，但力有未逮，未能如愿。希望在以后的研究中，能够涌现出更多新型的展示方式，可以从不同的维度更好地展现研究成果。

参 考 文 献

[1] 巴曙松，严敏，王月香．我国利率市场化对商业银行的影响分析 [J]．华中师范大学学报（人文社会科学版），2013，52（04）：27-37．

[2] 卞志村．泰勒规则的实证问题及在中国的检验 [J]．金融研究，2006（08）：56-69．

[3] 陈果静．货币政策精准发力通堵点 [N]．经济日报，2020-03-17（003）．

[4] 陈文静，刘权盼，何刚．货币政策对制造业次级行业的动态传导效应——基于 TVP-SV-FAVAR 模型的实证 [J]．工业技术经济，2019，38（12）：59-67．

[5] 戴国强．中国货币政策缘何陷入"流动性陷阱" [J]．人民论坛，2017（04）：70-72．

[6] 戴金平，刘东坡．中国货币政策的动态有效性研究——基于 TVP-SV-FAVAR 模型的实证分析 [J]．世界经济研究，2016（12）：12-24+132．

[7] 董希淼．全面降准意在支持实体经济 [N]．经济参考报，2020-01-03（001）．

[8] 方成，丁剑平．中国近二十年货币政策的轨迹：价格规则还是数量规则 [J]．财经研究，2012（10）：4-14．

[9] 葛结根，向祥华．麦卡勒姆规则在中国货币政策中的实证检验 [J]．统计研究，2008（11）：24-29．

[10] 胡利琴，彭红枫，李艳丽．中国外汇市场压力与货币政策——基于 TVP-VAR 模型的实证研究 [J]．国际金融研究，2014（07）：87-96．

[11] 胡志鹏．"稳增长"与"控杠杆"双重目标下的货币当局最优政策设定 [J]．经济研究，2014（12）：60-71．

[12] 黄金老．利率市场化与商业银行风险控制 [J]．经济研究，2001（01）：19-28+94．

[13] 黄小英．利率市场化背景下中国货币政策转型研究 [D]．北京：中央财

经大学，2017.

[14] 金碚. 中国经济发展新常态研究 [J]. 中国工业经济，2015 (01)：5 – 18.

[15] 邝雄，张佐敏. 基于历史信息锚定预期形成机制的货币政策有效性 [J]. 系统工程理论与实践，2018，38 (05)：1089 – 1105.

[16] 李斌. 中国货币政策有效性的实证研究 [J]. 金融研究，2001 (07)：10 – 17.

[17] 李春吉，孟晓宏. 中国经济波动——基于新凯恩斯主义垄断竞争模型的分析 [J]. 经济研究，2006 (10)：72 – 82.

[18] 李宏瑾. 货币数量调控该回头了 [J]. 新产经，2012 (05)：47 – 49.

[19] 李洪涛. 我国财政支出绩效考评方法研究综述 [J]. 农业经济问题，2008 (S1)：116 – 119.

[20] 李娜，李秀婷，魏云捷，等. 财政支出的社会经济效应——基于面板随机森林的分析与优化 [J]. 管理评论，2018，30 (10)：258 – 269.

[21] 李世美，沈丽. 货币"脱实向虚"与虚拟经济繁荣：基于金融业与房地产业的实证 [J]. 西南金融，2019 (11)：32 – 41.

[22] 林火灿."新基建"到底新在哪 [N]. 经济日报，2020 – 03 – 20 (001).

[23] 林仁文，杨熠. 中国市场化改革与货币政策有效性演变——基于 DSGE 的模型分析 [J]. 管理世界，2014 (06)：39 – 52 + 187.

[24] 林毅夫. 利率政策将成为调控的主要手段 [J]. 经济研究参考，2007 (42)：15 – 15.

[25] 刘斌. 货币政策冲击的识别及我国货币政策有效性的实证分析 [J]. 金融研究，2001 (07)：1 – 9.

[26] 刘超，马玉洁，谢启伟. 中国金融状况与实体经济发展研究——来自中国 2000 ~ 2017 年月度数据 [J]. 系统工程理论与实践，2019，39 (11)：2723 – 2738.

[27] 刘金全. 货币政策作用的有效性和非对称性研究 [J]. 管理世界，2002 (03)：43 – 51 + 59 – 153.

[28] 刘金全，解瑶姝. 中国货币政策有效性及其传导机制的检验 [J]. 系统工程，2016，34 (02)：33 – 39.

[29] 刘金全，李书. 基于 TVP – VAR 模型的我国通货膨胀成因研究 [J]. 东北师大学报（哲学社会科学版），2018 (02)：38 – 44.

[30] 刘金全，石睿柯，徐阳. 人民币汇率变动的价格传递效应——基于 SV –

TVP - FAVAR 模型的实证分析 [J]. 工业技术经济，2018，37 (05)：
63 - 71.

[31] 刘金全，张龙，张鑫. 我国经济增长质量的混频测度与货币政策调控方式转型 [J]. 经济学动态，2019 (05)：73 - 87.

[32] 刘金全，张龙. 我国货币政策的宏观经济时变效应及其稳健性检验 [J]. 中国经济问题，2019b (03)：14 - 24.

[33] 刘金全，张龙. 新常态下我国货币政策框架体系选择：单一型规则抑或混合型规则 [J]. 改革，2018 (09)：27 - 41.

[34] 刘金全，张龙. 新中国 70 年财政货币政策协调范式：总结与展望 [J]. 财贸经济，2019c，40 (09)：35 - 50.

[35] 刘金全，张龙. 中国价格货币政策的宏观经济时变效应及工具选择——基于货币政策交互响应视角的分析 [J]. 现代经济探讨，2019a (01)：25 - 32.

[36] 刘金全，郑荻. 我国不同种货币传导渠道有效性的实时对比——基于广义货币分解与影子银行双重视角 [J]. 南京社会科学，2019 (05)：9 - 17.

[37] 刘喜和，李良健，高明宽. 不确定条件下我国货币政策工具规则稳健性比较研究 [J]. 国际金融研究，2014 (07)：7 - 17.

[38] 刘义圣，赵东喜. 利率走廊理论述评 [J]. 经济学动态，2012 (07)：122 - 129.

[39] 陆长平，张凯. 中国非常规货币政策研究领域前沿动态追踪——基于文献计量分析 [J]. 江西财经大学学报，2018 (03)：31 - 39.

[40] 陆军，钟丹. 泰勒规则在中国的协整检验 [J]. 经济研究，2003 (08)：76 - 85 + 93.

[41] 马进. 财政支出结构优化的理论分析及研究综述 [J]. 社会科学家，2006 (04)：61 - 64 + 68.

[42] 马理，范伟. 央行释放的流动性去了哪？——基于微观层面数据的实证检验 [J]. 当代经济科学，2019，41 (03)：39 - 48.

[43] 马文涛. 货币政策的数量型工具与价格型工具的调控绩效比较——来自动态随机一般均衡模型的证据 [J]. 数量经济技术经济研究，2011 (10)：92 - 110.

[44] 倪中新，卢星，薛文骏. "一带一路"战略能够化解我国过剩的钢铁产能吗——基于时变参数向量自回归模型平均的预测 [J]. 国际贸易问题，

2016（03）：161 –174.

［45］盛天翔，范从来. 信贷调控：数量型工具还是价格型工具［J］. 国际金融研究，2012（05）：26 – 33.

［46］孙国峰，蔡春春. 货币市场利率、流动性供求与中央银行流动性管理——对货币市场利率波动的新分析框架［J］. 经济研究，2014（12）：33 – 44.

［47］孙焱林，张倩婷. 时变、美联储加息与中国产出——基于 TVP – VAR 模型的实证分析［J］. 国际金融研究，2016（04）：26 – 36.

［48］唐文进，应斌，高楠，龚强. 财政收支与中国可持续增长——财政支出、收入分配与中国经济新常态学术会议综述［J］. 管理世界，2016（05）：164 – 167.

［49］陶士贵，陈建宇. 新常态下中国货币政策工具创新的有效性研究——基于 FAVAR 模型的比较分析［J］. 金融经济学研究，2016，31（04）：3 – 14.

［50］汪潘义，李长花，胡小文，等. 数量型还是价格型货币政策比较——基于利率市场化角度的分析［J］. 华东经济管理，2014（09）：90 – 98.

［51］王德卿，宋吟秋，张鸿雁，等. 国际财政支出领域研究的知识图谱与动态演进——基于 1998 ~2018 年 SCI – E 和 SSCI 数据的文献计量分析［J］. 管理评论，2020，32（03）：61 – 74.

［52］王君斌，郭新强，王宇. 中国货币政策的工具选取、宏观效应与规则设计［J］. 金融研究，2013（08）：1 – 15.

［53］王克强，刘红梅，陈玲娣. 财政支出绩效评价研究综述［J］. 开发研究，2006（05）：113 – 117.

［54］王少林，李仲达，林建浩. 中国数量型货币政策有效性的时变性研究［J］. 当代财经，2015（08）：17 – 25.

［55］吴小节，谭晓霞，汪秀琼. 市场分割研究的知识结构与动态演化——基于 1998 ~2015 年 CSSCI 经济管理类期刊数据库的文献计量分析［J］. 管理评论，2018，30（12）：257 – 275

［56］谢平，罗雄. 泰勒规则及其在中国货币政策中的检验［J］. 经济研究，2002（03）：3 – 12.

［57］徐爽，李宏瑾. 一个利率市场化的理论模型［J］. 世界经济，2006（06）：13 – 22.

［58］许文彬，厉增业. 中国货币政策转换中麦卡勒姆规则的实证检验［J］. 经济管理，2012，34（01）：11 – 20.

[59] 杨春蕾. 货币政策工具与中介目标选择：国际比较与中国实证 [D]. 上海：上海社会科学院，2017.

[60] 杨继平，冯毅俊. 利率调整对我国股市不同状态波动性的影响 [J]. 管理科学学报，2017，20（02）：63 - 75.

[61] 杨柳，黄婷. 我国汇率制度弹性、货币政策有效性与货币政策独立性研究——基于 SFAVAR 模型的实证分析 [J]. 管理评论，2015，27（07）：43 - 57.

[62] 杨书燕，吴小节，汪秀琼. 制度逻辑研究的文献计量分析 [J]. 管理评论，2017，29（03）：90 - 109

[63] 姚云霞，章贵桥. 关注房价还是关注股价——基于货币政策对资产价格反应的模拟分析 [J]. 管理世界，2017（11）：170 - 171.

[64] 易纲. 中国改革开放三十年的利率市场化进程 [J]. 金融研究，2009（01）：1 - 14.

[65] 余华义，黄燕芬. 货币政策影响下收入和房价的跨区域联动 [J]. 中国软科学，2015（10）：85 - 100.

[66] 岳松，陈昌龙. 财政与税收 [M]. 北京：清华大学出版社，2008：1 - 5.

[67] 张龙. 货币政策的动态有效性研究 [D]. 长春：吉林大学，2018.

[68] 张炜，景维民，李海伟，等. 中国货币政策进入了"流动性陷阱"吗——基于预期与货币政策有效性视角 [J]. 财经科学，2019（02）：1 - 14.

[69] 张歆. 定向降准 + "定向稳预期" 资本市场"春播"流动性 [N]. 证券日报，2020 - 03 - 16（A01）.

[70] 张悦玫，张晓菡. 我国财政支出研究的热点迁移趋势 [J]. 财政研究，2017（03）：43 - 55.

[71] 章上峰，徐龙滨，李荣丽. 利率市场化对货币政策工具有效性影响——开放条件下动态随机一般均衡分析 [J]. 现代财经（天津财经大学学报），2014（08）.

[72] 周小川. 新世纪以来中国货币政策的主要特点 [J]. 中国金融，2013（02）：4 - 10.

[73] Aastveit K A, Bjørnland H C, Thorsrud L A. What drives oil prices? Emerging versus developed economies [J]. Journal of Applied Econometrics, 2015, 30（07）：1013 - 1028.

[74] Abdul – Rahaman A. R. , Hongxing Y. China's new normal and the implica-
tions to domestic and global business [J]. International Journal of Finance &
Economics, 2020, 25 (2): 157 – 171.

[75] Acedo F. J. , Casillas J. C. Current paradigms in the international management
field: An author co-citation analysis [J]. International Business Review,
2005, 14 (5): 619 – 639

[76] Aizenman J, Chinn M D, Ito H. Monetary policy spillovers and the trilemma in
the new normal: Periphery country sensitivity to core country conditions [J].
Journal of International Money and Finance, 2016, 68: 298 – 330.

[77] Alesina A, Ardagna S, Perotti R, et al. Fiscal policy, profits, and invest-
ment [J]. American Economic Review, 2002, 92 (3): 571 – 589.

[78] Alexandre R. , Isabelle W. , Michel K. Is Sam still alive? A bibliometric and
interpretive mapping of the strategic alignment research field [J]. The Journal
of Strategic Information Systems, 2016, 25 (2): 75 – 103

[79] Allen F, Gale D. Innovations in Financial Services, Relationships, and Risk
Sharing [M]. INFORMS, 1999: 93 – 102.

[80] Antonakakis N, Chatziantoniou I, Gabauer D. Cryptocurrency market conta-
gion: Market uncertainty, market complexity, and dynamic portfolios [J].
Journal of International Financial Markets, Institutions and Money, 2019,
61: 37 – 51.

[81] Antonakakis N, Gabauer D, Gupta R, et al. Dynamic connectedness of un-
certainty across developed economies: A time-varying approach [J]. Econom-
ics Letters, 2018, 166: 63 – 75.

[82] Auerbach A J, Gorodnichenko Y. Measuring the output responses to fiscal policy
[J]. American Economic Journal: Economic Policy, 2012, 4 (2): 1 – 27.

[83] Ausloos M, Ma Q, Kaur P, et al. Duration gap analysis revisited method in or-
der to improve risk management: The case of Chinese commercial bank interest
rate risks after interest rate liberalization [J]. Soft Computing, 2019: 1 – 19.

[84] Bachmann R, Sims E R. Confidence and the transmission of government spend-
ing shocks [J]. Journal of Monetary Economics, 2012, 59 (3): 235 –
249.

[85] Bai J, Ng S. Principal components estimation and identification of static factors

[J]. Journal of Econometrics, 2013, 176 (1): 18 – 29.

[86] Barrell, Ray, Karim, et al. Interest rate liberalization and capital adequacy in models of financial crises [J]. Journal of Financial Stability, 2016, 33.

[87] Barro R J. Inflation and economic growth [R]. NBER Working Paper, 1995: No. 5326.

[88] Baumeister C, Guérin P, Kilian L. Do high-frequency financial data help fore- cast oil prices? The MIDAS touch at work [J]. International Journal of Fore- casting, 2015, 31 (2): 238 – 252.

[89] Beetsma R, Giuliodori M, Klaassen F. The effects of public spending shocks on trade balances and budget deficits in the European Union [J]. Journal of the European Economic Association, 2008, 6 (2 – 3): 414 – 423.

[90] Bekiros S. Forecasting with a state space time-varying parameter VAR model: Evidence from the Euro area [J]. Economic modelling, 2014, 38: 619 – 626.

[91] Belviso F, Milani F. Structural factor-augmented var (SFAVAR) and the effects of monetary policy [J]. Macroeconomics, 2005, 6 (3): 1 – 46.

[92] Berentsen A, Monnet C. Monetary policy in a channel system [J]. Journal of Monetary Economics, 2008, 55 (6): 1067 – 1080.

[93] Bernanke B S, Boivin, J, and Eliasz, P. Measuring the effects of monetary policy: A factor-augmented vector autoregressive (FAVAR) approach [J]. The Quarterly Journal of Economics, 2005, 120 (1): 387 – 422.

[94] Bernanke B S, Gertler M, Watson M, et al. Systematic monetary policy and the effects of oil price shocks [J]. Brookings Papers on Economic Activity, 1997, 1997 (1): 91 – 157.

[95] Bernanke B S, Gertler M. Inside the black box: The credit channel of mone- tary policy transmission [J]. Journal of Economic Perspectives, 1995, 9 (4): 27 – 48.

[96] Bernanke B S, Gertler M. Should Central Banks Respond to Movements in As- set Prices? [J]. American Economic Review, 2001, 91 (2): 253 – 257.

[97] Bernanke B S, Kuttner K N. What explains the stock market's reaction to feder- al reserve policy? [J]. The Journal of Finance, 2005, 60 (3): 1221 – 1257.

[98] Binswanger M. Stock markets, speculative bubbles and economic growth [M]. London: Edward Elgar, 1999: 40 – 52.

[99] Black F. Studies of stock market volatility changes [J]. Proceedings of the American Statistical Association Business and Economic Statistics Section, 1976 (1): 177 – 181.

[100] Blanchard O, Perotti R. An empirical characterization of the dynamic effects of changes in government spending and taxes on output [J]. The Quarterly Journal of Economics, 2002, 117 (4): 1329 – 1368.

[101] Bryant S K, Martzoukos S H. The impact of the financial institutions reform, recovery, and enforcement act (FIRREA) on the value of S&L stocks [J]. Journal of Economics & Finance, 1998, 22 (2 – 3): 67 – 76.

[102] Burnside C, Eichenbaum M, Fisher J D M. Fiscal shocks and their consequences [J]. Journal of Economic Theory, 2004, 115 (1): 89 – 117.

[103] Calvo G A, Reinhart C M. Fear of floating [R]. NBER Working Papers, 2002, 117 (2): 379 – 408.

[104] Cavaliere G. Stochastic volatility: Selected readings [M]. Oxford: Oxford University Press on Demand, 2005: 320 – 327.

[105] Cespedes L F, Kumhof M, Parrado E. Pricing policies and inflation inertia [R]. Working Papers Central Bank of Chile, 2003, 3 (87): 1 – 27.

[106] Chai J, Guo J E, Meng L, et al. Exploring the core factors and its dynamic effects on oil price: An application on path analysis and BVAR – TVP model [J]. Energy Policy, 2011, 39 (12): 8022 – 8036.

[107] Champagne J, Sekkel R. Changes in monetary regimes and the identification of monetary policy shocks: Narrative evidence from canada [J]. Jornal of Monetary Economics, 2018, 99 (11): 72 – 87.

[108] Chan J C C, Eisenstat E. Bayesian model comparison for time-varying parameter VARs with stochastic volatility [J]. Journal of Applied Econometrics, 2018, 33 (4): 509 – 532.

[109] Chen A, Groenewold N. China's 'New Normal': Is the growth slowdown demand-or supply-driven? [J]. China Economic Review, 2019, 58: 17 – 18.

[110] Chen C, Dubin R, Kim M C. Orphan drugs and rare diseases: A scientometric review (2000 – 2014) [J]. Expert Opinion on Orphan Drugs, 2014,

2 (7): 709 - 724

[111] Chen H, Chiang R H L, Storey V C. Business intelligence and analytics: From big data to big impact [J]. MIS Quarterly, 2012, 4 (36): 1165 - 1188

[112] Chen K. China's Monetary Policy under the "New Normal" [J]. China: An International Journal, 2018, 16 (3): 74 - 96.

[113] Chevallier J. Macroeconomics, finance, commodities: Interactions with carbon markets in a data-rich model [J]. Economic Modelling, 2011, 28 (1 - 2): 557 - 567.

[114] Christiano L J, Eichenbaum M, Evans C L. Nominal rigidities and the dynamic effects of a shock to monetary policy [J]. Journal of Political Economy, 2005, 113 (1): 1 - 45.

[115] Christiano L J, Eichenbaum M, Rebelo S. When is the government spending multiplier large? [J]. Journal of Political Economy, 2011, 119 (1): 78 - 121.

[116] Christou C, Gupta R, Nyakabawo W. Time-varying impact of uncertainty shocks on the US housing market [J]. Economics Letters, 2019, 180: 15 - 20.

[117] Claeys P, Vašíček B. Measuring bilateral spillover and testing contagion on sovereign bond markets in Europe [J]. Journal of Banking & Finance, 2014, 46: 151 - 165.

[118] Clarida R, Gali J, Gertler M. Monetary policy rules and macroeconomic stability: Evidence and some theory [J]. The Quarterly Journal of Economics, 2000, 115 (1): 147 - 180.

[119] Cogley T, Sargent T J. Drifts and volatilities: Monetary policies and outcomes in the post WWII US [J]. Review of Economic Dynamics, 2005, 8 (2): 262 - 302.

[120] Cogley T, Sargent T J. Evolving post-world war II US inflation dynamics [J]. NBER Macroeconomics Annual, 2001, 16: 331 - 373.

[121] Diego Romero - Avila. Productive physical investment and growth: Testing the validity of the AK model from a panel perspective [J]. Applied Economics, 2009, 41 (23): 3027 - 3043.

[122] Eggertsson G B. What fiscal policy is effective at zero interest rates? [J]. NBER Macroeconomics Annual, 2011, 25 (1): 59 – 112.

[123] Fernald J G, Spiegel M M, Swanson E T. Monetary policy effectiveness in China: Evidence from a FAVAR model [J]. Journal of International Money and Finance, 2014, 49: 83 – 103.

[124] Feyzioglu T. Does Good Financial Performance Mean Good Financial Intermediation in China? [R]. IMF Working Papers, 2009, 9 (9/170): 1 – 32.

[125] Forni L, Monteforte L, Sessa L. The general equilibrium effects of fiscal policy: Estimates for the euro area [J]. Journal of Public Economics, 2009, 93 (3 – 4): 559 – 585.

[126] Friedman M. The quantity theory of money: A restatement [J]. Studies in the Quantity Theory of Money, 1956, 5 (3): 1 – 21.

[127] Friedman, M. A Program for Monetary Stability [M]. New York: Fordham University Press, 1960.

[128] Friedman M, Schwartz A J. Money and business cycles [J]. Review of Economics and Statistics, 1963, 45 (1): 32 – 64.

[129] Friedman, M. The role of monetary policy [J]. American Economic Review, 1968, 58 (1): 1 – 17.

[130] Friedman M. The optimum quantity of money: And other essays [J]. Aldine Pub Co, 1969, 24 (1): 8 – 15.

[131] Fry M J. Money and capital or financial deepening in economic developments? [J]. Journal of Money Credit & Banking, 1978, 10 (4): 464 – 475.

[132] Fry M J. Savings, investment, growth and financial distortions in Pacific Asia and other developing areas [J]. International Economic Journal, 1998, 12 (1): 1 – 24.

[133] Gabauer D, Gupta R. On the transmission mechanism of country-specific and international economic uncertainty spillovers: Evidence from a TVP – VAR connectedness decomposition approach [J]. Economics Letters, 2018, 171: 63 – 71.

[134] Gagnon J, Raskin M, Remache J, et al. The financial market effects of the Federal Reserve's large-scale asset purchases [J]. International Journal of central Banking, 2011, 7 (1): 3 – 43.

[135] Galí J, López - Salido J D, Vallés J. Understanding the effects of government spending on consumption [J]. Journal of the European Economic Association, 2007, 5 (1): 227 - 270.

[136] Geiger M A, Raghunandan K. Auditor tenure and audit reporting failures [J]. Auditing A Journal of Practice & Theory, 2002, 21 (1): 67 - 78.

[137] Georgios K. Monetary policy and the exchange rate: The role of openness [J]. International Economic Journal, 1999, 13 (2): 75 - 88.

[138] Gertler M, Karadi P. A model of unconventional monetary policy [J]. Journal of Monetary Economics, 2011, 58 (1): 17 - 34.

[139] Ghysels E, Harvey A C, Renault E. Stochastic volatility, Statistical Methods in Finance, CR Rao and GS Maddala, Eds [J]. 2002, (1): 119 - 191.

[140] Giannone D, Lenza M, Primiceri G E. Prior selection for vector autoregressions [J]. Review of Economics and Statistics, 2015, 97 (2): 436 - 451.

[141] Glocker C, Sestieri G, Towbin P. Time-varying government spending multipliers in the UK [J]. Journal of Macroeconomics, 2019, 60: 180 - 197.

[142] Glomm G, Ravikumar B. Productive government expenditures and long-run growth [J]. Journal of Economic Dynamics and Control, 1997, 21 (1): 183 - 204.

[143] Gong X, Lin B. Time-varying effects of oil supply and demand shocks on China's macro-economy [J]. Energy, 2018, 149: 424 - 437.

[144] Gunter U, Önder I. Forecasting city arrivals with Google Analytics [J]. Annals of Tourism Research, 2016, 61: 199 - 212.

[145] Gunter U, Önder I. Forecasting international city tourism demand for Paris: Accuracy of uni-and multivariate models employing monthly data [J]. Tourism Management, 2015, 46: 123 - 135.

[146] Gylfason T. Natural resources, education, and economic development [J]. European Economic Review, 2001, 45 (4 - 6): 847 - 859.

[147] Harvey A C. Forecasting, structural time series models and the Kalman filter [M]. Cambridge University Press, 1990: 36 - 55.

[148] He D, Wang H, Yu X. Interest rate determination in China: past, present, and future [J]. International Journal of Central Bank, 2015, 11 (5): 255 - 277.

［149］ He Q. , Leung P. H. , and Chong. T. TL. . Factor-augmented VAR analysis of the monetary policy in China ［J］. China Economic Review, 2013, 25: 88 – 104.

［150］ Hellmann T, Murdock K, Stiglitz J. Financial restraint: Towards a new paradigm ［J］. Role of Government in East Asian Economic Development, 1997: 163 – 208.

［151］ Hooper P, Mann C L. Exchange Rate Pass – Through in the 1980s: The Case of U. S. Imports of Manufactures ［J］. Brookings Papers on Economic Activity, 1989, 1989 (1): 297 – 337.

［152］ Hyndman R J, Khandakar Y. Automatic time series for forecasting: The forecast package for R ［M］. Clayton VIC, Australia: Monash University, Department of Econometrics and Business Statistics, 2007: 12 – 75.

［153］ Iacoviello M. House prices, borrowing constraints, and monetary policy in the business cycle ［J］. American economic review, 2005, 95 (3): 739 – 764.

［154］ Ilzetzki E, Mendoza E G, Végh C A. How big (small?) are fiscal multipliers? ［J］. Journal of Monetary Economics, 2013, 60 (2): 239 – 254.

［155］ Ireland P N. Monetary policy, bond risk premia, and the economy ［J］. Journal of Monetary Economics, 2015, 76: 124 – 140.

［156］ Jebabli I, Arouri M, Teulon F. On the effects of world stock market and oil price shocks on food prices: An empirical investigation based on TVP – VAR models with stochastic volatility ［J］. Energy Economics, 2014, 45: 66 – 98.

［157］ Jiménez G, Ongena S, Peydró J L, et al. Hazardous times for monetary policy: What do twenty-three million bank loans say about the effects of monetary policy on credit risk-taking? ［J］. Econometrica, 2014, 82 (2): 463 – 505.

［158］ Judd J P, Motley B. Nominal feedback rules for monetary policy ［J］. Economic Review – Federal Reserve Bank of San Francisco, 1991 (3): 3 – 17.

［159］ Kaminsky G, Lyons R K, Schmukler S L. Managers, investors, and crises: Mutual fund strategies in emerging markets ［J］. Journal of International Economics, 2004, 64 (1): 113 – 134.

［160］ Kazi I A, Wagan H, Akbar F. The changing international transmission of US monetary policy shocks: Is there evidence of contagion effect on OECD countries [J]. Economic Modelling, 2013, 30: 90 - 116.

[161] Keynes J M. The general theory of employment [J]. The Quarterly Journal of Economics, 1937, 51 (2): 209 - 223.

[162] Kim M C, Chen C. A Scientometric Review of Emerging Trends and New Developments in Recommendation Systems [J]. Scientometrics, 2015, 104 (1): 239 - 263

[163] Kneller R, Bleaney M F, Gemmell N. Fiscal policy and growth: Evidence from OECD countries [J]. Journal of Public Economics, 1999, 74 (2): 171 - 190.

[164] Koop G, Korobilis D. Bayesian multivariate time series methods for empirical macroeconomics [J]. Foundations and Trends ® in Econometrics, 2010, 3 (4): 267 - 358.

[165] Kuzin V, Marcellino M, Schumacher C. MIDAS vs. mixed-frequency VAR: Nowcasting GDP in the Euro area [J]. International Journal of Forecasting, 2011, 27 (2): 529 - 542.

[166] Kydland F E, Prescott E C. Rules rather than discretion: The inconsistency of optimal plans [J]. Journal of Political Economy, 1977, 85 (3): 473 - 491.

[167] Liu C, Song P, Huang B. The dynamic effectiveness of monetary policy in China: Evidence from a TVP - SV - FAVAR model [J]. Applied Economics Letters, 2019, 26 (17): 1402 - 1410.

[168] Loayza N V, Rancière R. Financial Development, Financial Fragility, and Growth [J]. Journal of Money Credit & Banking, 2006, 38 (4): 1051 - 1076.

[169] Maino R, Laurens B. China: Strengthening Monetary Policy Implementation [R]. IMF Working Papers, 2007, 7 (7/14): 1375 - 1386.

[170] Mankiw N G, Reis R. Sticky information versus sticky prices: A proposal to replace the New Keynesian Phillips curve [J]. The Quarterly Journal of Economics, 2002, 117 (4): 1295 - 1328.

[171] Mariano R S, Murasawa Y. A coincident index, common factors, and monthly real GDP [J]. Oxford Bulletin of Economics and Statistics, 2010, 72 (1): 27 - 46.

[172] Mariano R S, Murasawa Y. A new coincident index of business cycles based on monthly andquarterly series [J]. Journal of Applied Econometrics, 2003, 18 (4): 427 – 443.

[173] Martin A, Monnet C. Monetary policy implementation frameworks: A comparative analysis [J]. Macroeconomic Dynamics, 2011, 15 (S1): 145 – 189.

[174] Masuda K. Fixed investment, liquidity constraint, and monetary policy: Evidence from Japanese manufacturing firm panel data [J]. Japan and the World Economy, 2015, 33: 11 – 19.

[175] Mckinnon R I. The value-added tax and the liberalization of foreign trade in developing economies: A comment [J]. Journal of Economic Literature, 1973, 11 (2): 520 – 524.

[176] Mi Z, Meng J, Guan D, et al. Pattern changes in determinants of Chinese emissions [J]. Environmental Research Letters, 2017, 12 (7): 074003.

[177] Michaelis H, Watzka S. Are there differences in the effectiveness of quantitative easing at the zero-lower-bound in Japan over time? [J]. Journal of International Money and Finance, 2017, 70: 204 – 233.

[178] Minea A. The role of public spending in the growth theory evolution [J]. Romanian Journal of Economic Forecasting, 2008, 2: 99 – 120.

[179] Mishkin F S. Channels of monetary transmission [R]. NBER Working Paper, 1996: w5464.

[180] Moench E, Ng S. A hierarchical factor analysis of US housing market dynamics [J]. 2011, 14 (1): c1 – c24.

[181] Mogues T, Anson R. How comparable are cross-country data on agricultural public expenditures? [J]. Global Food Security, 2018, 16: 46 – 53.

[182] Moritz S, Bartz – Beielstein T. Impute T S: time series missing value imputation in R [J]. The R Journal, 2017, 9 (1): 207 – 218.

[183] Mountford A, Uhlig H. What are the effects of fiscal policy shocks? [J]. Journal of Applied Econometrics, 2009, 24 (6): 960 – 992.

[184] Mumtaz H, Surico P. The transmission of international shocks: A factor-augmented VAR approach [J]. Journal of Money, Credit and Banking, 2009, 41: 71 – 100.

[185] Nakamura E, Steinsson J. Fiscal stimulus in a monetary union: Evidence from US regions [J]. American Economic Review, 2014, 104 (3): 753 – 92.

[186] Perotti R. Estimating the effects of fiscal policy in OECD countries [R]. European Central Bank Working Paper Series, 2005: 168.

[187] Persson O, Danell R, Schneider J W. How to use Bibexcel for various types of bibliometric analysis [J]. Celebrating Scholarly Communication Studies: A Festschrift for Olle Persson at his 60th Birthday, 2009, 5: 9 – 24.

[188] Primiceri G E. Time varying structural vector autoregressions and monetary policy [J]. The Review of Economic Studies, 2005, 72 (3): 821 – 852.

[189] Qu Z, Perron P. Estimating and testing structural changes in multivariate regressions [J]. Econometrica, 2007, 75 (2): 459 – 502.

[190] Ramey V A. Can government purchases stimulate the economy? [J]. Journal of Economic Literature, 2011, 49 (3): 673 – 85.

[191] Ramey V A. Identifying government spending shocks: It's all in the timing [J]. The Quarterly Journal of Economics, 2011, 126 (1): 1 – 50.

[192] Rodrik D. Why do more open economies have bigger governments? [J]. Journal of Political Economy, 1998, 106 (5): 997 – 1032.

[193] Romer D. Why should governments issue bonds? [J]. Journal of Money Credit & Banking, 1993, 25 (2): 163 – 175.

[194] Ruch F, Balcilar M, Gupta R, et al. Forecasting core inflation: The case of South Africa [J]. Applied Economics, 2019, 12: 1 – 19.

[195] Schorfheide F, Song D. Real-time forecasting with a mixed-frequency VAR [J]. Journal of Business & Economic Statistics, 2015, 33 (3): 366 – 380.

[196] Serati M, Venegoni A. The cross-country impact of ECB policies: Asymmetries in – Asymmetries out? [J]. Journal of International Money and Finance, 2019, 90: 118 – 141.

[197] Simons H C. Rules versus authorities in monetary policy [J]. Journal of Political Economy, 1936, 44 (1): 1 – 30.

[198] Smets F, Wouters R. An estimated dynamic stochastic general equilibrium model of the Euro area [J]. Journal of the European Economic Association,

2003, 1 (5): 1123 – 1175.

[199] Smets F, Wouters R. Shocks and frictions in US business cycles: A Bayesian DSGE approach [J]. American Economic Review, 2007, 97 (3): 586 – 606.

[200] Stock J H, Watson M W. A probability model of the coincident economic indicators [R]. NBER Working Paper, 1988: 2772.

[201] Stock J H, Watson M W. Diffusion indexes [R]. NBER Working Paper, 1998: 6528.

[202] Stock J H, Watson M W. Implications of dynamic factor models for VAR analysis [J]. NationalBureau of Economic Research, 2005: W111467.

[203] Stock J H, Watson M W. Macroeconomic forecasting using diffusion indexes [J]. Journal of Business & Economic Statistics, 2002, 20 (2): 147 – 162.

[204] Stock J H, Watson M W. New indexes of coincident and leading economic indicators [J]. NBER Macroeconomics Annual, 1989, 4: 351 – 394.

[205] Tan Y, Ji Y, Huang Y. Completing China's interest rate liberalization [J]. China & World Economy, 2016, 24 (2): 1 – 22.

[206] Tanzi V, Zee H H. Fiscal policy and long-run growth [J]. Staff Papers, 1997, 44 (2): 179 – 209.

[207] Taylor A M. A century of current account dynamics [J]. Journal of International Money & Finance, 2002, 21 (6): 725 – 748.

[208] Taylor J. B. Discretion versus policy rules in practice [J]. Carnegie – Rochester Conference Series on Public Policy, 1993, 39 (1): 195 – 214.

[209] Tobin J. A general equilibrium approach to monetary theory [J]. Journal of Money Credit & Banking, 1969, 1 (1): 15 – 29.

[210] Tung R. L. Opportunities and challenges ahead of China's "New Normal" [J]. Long Range Planning, 2016, 49 (5): 632 – 640.

[211] Uhlig H. What are the effects of monetary policy on output? Results from an agnostic identification procedure [J]. Journal of Monetary Economics, 2005, 52 (2): 381 – 419.

[212] Wang D, Song Y, Zhang H, et al. The Effectiveness of Chinas Monetary Policy: Based on the Mixed – Frequency Data [J]. Asian Economic and Fi-

nancial Review, 2020, 10 (3): 325 – 339.

[213] Whitesell W. Interest rate corridors and reserves [J]. Journal of Monetary Economics, 2006, 53 (6): 1177 – 1195.

[214] Wicksell K. The influence of the rate of interest on prices [J]. Economic Journal, 1907, 17 (66): 213 – 220.

[215] Woodford M. Optimal interest-rate smoothing [J]. The Review of Economic Studies, 2003, 70 (4): 861 – 886.

[216] Woodford M. Simple analytics of the government expenditure multiplier [J]. American Economic Journal: Macroeconomics, 2011, 3 (1): 1 – 35.

[217] Woodford M. The Taylor rule and optimal monetary policy [J]. American Economic Review, 2001, 91 (2): 232 – 237.

[218] Wu J C, Xia F D. Measuring the macroeconomic impact of monetary policy at the zero-lower bound [J]. Journal of Money, Credit and Banking, 2016, 48 (2 – 3): 253 – 291.

[219] Zhang C. , Guan J. How to identify metaknowledge trends and features in a certain research field? Evidences from innovation and entrepreneurial ecosystem [J]. Scientometrics, 2017, 113 (1): 1 – 21.

[220] Zhang J W, Zhao L. Research on social financing and monetary policy transmission—Based on the DSGE Model [J]. Accounting & Finance, 2012 (1): 1 – 7.

[221] Zhang J, Chen T, Fan F, et al. Empirical research on time-varying characteristics and efficiency of the Chinese economy and monetary policy: Evidence from the MI – TVP – VAR model [J]. Applied Economics, 2018, 50 (33): 3596 – 3613.

[222] Zhang X, Ji Z, Yong C. Reserve requirement, reserve requirement tax and money control in China: 1984 – 2007 [J]. Frontiers of Economics in China, 2009, 4 (3): 361 – 383.

[223] Zhao X, Wang Z, Deng M. Interest rate marketization, financing constraints and R&D investments: Evidence from China [J]. Sustainability, 2019, 11 (8): 2311.

附　　录

附录一：第 4 章与第 6 章指数构建权重与检验结果

1. 产出（Output）指数

指数	ID	权重	KMO	SMC
Output	PG	0.3622	0.7643	0.9877
	IP	0.345	0.7709	0.9763
	FAI	0.3461	0.8482	0.961
	Exp	0.0029	0.3985	0.4497
	BR	0.2824	0.8971	0.7938
	TRSCG	0.1271	0.8575	0.2478
	CCI	0.2441	0.8743	0.6105
	MPI	0.2841	0.8573	0.7217
	PMI	0.1468	0.7452	0.3338
	TF	0.1593	0.7321	0.4106
	CSP	−0.0154	0.5071	0.6184
	EP	0.1351	0.6462	0.5744
	GDP	0.0259	0.609	0.5986
	GDP2nd	0.2219	0.8538	0.429
	GDP3rd	0.2106	0.6954	0.7279
	UUR	0.1876	0.8266	0.4122
	·DIC	−0.0803	0.6617	0.1826
	ER	0.1733	0.6699	0.9443
	SHCI	0.205	0.6694	0.9558
	SZCI	0.3469	0.8614	0.8849
Overall			0.7735	

2. 通胀（Inflation）指数

指数	ID	权重	KMO	SMC
Inflation	CPI	0. 3513	0. 7467	0. 9998
	CPIU	0. 3495	0. 7349	0. 9997
	CPIR	0. 3472	0. 7433	0. 9986
	CPIF	0. 3046	0. 807	0. 9757
	CPINF	0. 2399	0. 7528	0. 8927
	PPI	0. 2776	0. 7425	0. 9868
	PPIRM	0. 2737	0. 7987	0. 9788
	RPI	0. 3535	0. 921	0. 9723
	CGPI	0. 3002	0. 8537	0. 9534
	CPI36	0. 3413	0. 8894	0. 9904
Overall			0. 7968	

3. 价格型货币政策规则（Price Rule）指数

指数	ID	权重	KMO	SMC
Price Rule	MLLIR	0. 1019	0. 4905	0. 9941
	RDIR	0. 118	0. 5132	0. 9939
	SHIBOR1d	0. 4062	0. 8936	0. 9132
	SHIBOR7d	0. 4263	0. 7549	0. 9805
	TMY1y	0. 3529	0. 7036	0. 8435
	TMY5y	0. 4059	0. 7127	0. 9319
	CHIBOR7d	0. 4248	0. 7729	0. 98
Overall			0. 7323	

4. 数量型货币政策规则（Quantity Rule）指数

指数	ID	权重	KMO	SMC
Quantity Rule	M0	0. 5137	0. 7501	0. 1786
	M1	0. 5994	0. 6169	0. 3378
	M2	0. 6139	0. 6053	0. 3606
Overall			0. 6384	

5. 资本市场（Capital Market）指数

指数	ID	权重	KMO	SMC
Capital Market	SHCI	0. 3244	0. 8118	0. 9985
	CSI300	0. 3143	0. 806	0. 9973
	SZCSI	0. 3192	0. 7939	0. 9954
	SZCI	0. 3223	0. 7924	0. 9992
	KLCI	0. 3142	0. 8061	0. 9988
	GEMI	0. 2557	0. 7777	0. 9521
	CBCI	0. 1327	0. 5029	0. 998
	CBTI	0. 1217	0. 5	0. 9978
	CFI	− 0. 1276	0. 5165	0. 8333
	MVAS	0. 3256	0. 7787	0. 9988
	MVDL	0. 3205	0. 8996	0. 9788
	TBTT	0. 0466	0. 4666	0. 5272
	FT	0. 2581	0. 8379	0. 8294
	ST	0. 3127	0. 7986	0. 9397
	BMV	− 0. 0468	0. 538	0. 8994
Overall			0. 761	

6. 房地产市场（Real Estate Market）指数

指数	ID	权重	KMO	SMC
Real Estate Market	REDIC	0.3612	0.7528	0.4289
	RECA	0.3303	0.691	0.4322
	NRES	0.4348	0.6512	0.6525
	CPS	0.3045	0.5121	0.9794
	CPSA	0.2995	0.5141	0.9788
	NREICI	0.3213	0.5047	0.6319
	RESP2	0.226	0.6269	0.2918
	RESP1	0.3183	0.5643	0.5902
	RESA1	0.1944	0.5412	0.2534
	RESA2	0.3093	0.7534	0.302
Overall			0.5914	

7. 实体经济（Real Economy）指数

指数	ID	权重	KMO	SMC
Real Economy	GDP：RE	0.2584	0.7969	0.859
	AFAF	0.1389	0.8109	0.7296
	BCI：TSP	0.3672	0.8433	0.9108
	BCI：IC	0.3307	0.8352	0.7679
	BCI：AC	0.2187	0.7976	0.6067
	IPI：Mini	0.2999	0.6835	0.86
	IPI：EGW	0.3046	0.7293	0.883
	IPI：Manu	0.3645	0.7376	0.9471
	PMI	0.2355	0.7035	0.6437
	PG	0.3165	0.8311	0.6673
	IPA	0.2406	0.7953	0.5137
	TFV	0.1333	0.7754	0.7386
	RSSC	0.2739	0.7592	0.8642
Overall			0.7745	

附录二：实证模型中的各项检验与结果输出

实证模型中的各项检验与结果输出

（1）全时期。

单位根检验
Roots of Characteristic Polynomial
Endogenous variables：OUTPUT
             INFLATION PRICE QUANTITY
Exogenous variables：C
Lag specification：14
Date：03/04/20 Time：00：03

Root	Modulus
0.994295	0.994295
0.912341 − 0.020201i	0.912565
0.912341 + 0.020201i	0.912565
0.582478	0.582478
− 0.375273	0.375273
0.369711	0.369711
− 0.050012 − 0.349051i	0.352615
− 0.050012 + 0.349051i	0.352615
0.051774 − 0.347494i	0.351330
0.051774 + 0.347494i	0.351330
0.025860 − 0.340860i	0.341840
0.025860 + 0.340860i	0.341840
− 0.330364	0.330364
− 0.203570 − 0.247266i	0.320283
− 0.203570 + 0.247266i	0.320283
− 0.298495	0.298495

No root lies outside the unit circle.
VAR satisfies the stability condition.

Bayesian VAR Estimates
Date：03/04/20　Time：00：02
Sample（adjusted）：2000M05 2019M12
Included observations：236 after adjustments
Prior type：Litterman/Minnesota
Initial residual covariance：Univariate AR
Hyper-parameters：Mu：0, L1：0. 1, L2：0. 99, L3：1
Standard errors in（）& t - statistics in［］

变量	OUTPUT	INFLATION	PRICE	QUANTITY
OUTPUT（-1）	0. 696240 （0. 04282） ［16. 2593］	0. 324233 （0. 42068） ［0. 77073］	0. 311479 （0. 44688） ［0. 69701］	0. 093034 （0. 21991） ［0. 42305］
OUTPUT（-2）	0. 185178 （0. 03923） ［4. 72002］	- 0. 035221 （0. 38479） ［- 0. 09153］	0. 092728 （0. 40876） ［0. 22685］	0. 043510 （0. 20115） ［0. 21631］
OUTPUT（-3）	0. 061321 （0. 02889） ［2. 12279］	- 0. 171057 （0. 28312） ［- 0. 60419］	- 0. 224494 （0. 30075） ［- 0. 74645］	- 0. 041342 （0. 14800） ［- 0. 27935］
OUTPUT（-4）	0. 042959 （0. 02233） ［1. 92368］	- 0. 109828 （0. 21884） ［- 0. 50187］	- 0. 088149 （0. 23246） ［- 0. 37920］	- 0. 074758 （0. 11439） ［- 0. 65351］
INFLATION（-1）	- 0. 001976 （0. 00403） ［- 0. 49025］	0. 911672 （0. 04003） ［22. 7743］	0. 088823 （0. 04232） ［2. 09904］	- 0. 003790 （0. 02082） ［- 0. 18203］
INFLATION（-2）	- 0. 000189 （0. 00403） ［- 0. 04678］	0. 076615 （0. 04020） ［1. 90579］	0. 002542 （0. 04236） ［0. 06001］	0. 004682 （0. 02085） ［0. 22460］
INFLATION（-3）	- 0. 002722 （0. 00284） ［- 0. 95889］	- 0. 020062 （0. 02829） ［- 0. 70909］	- 0. 022240 （0. 02981） ［- 0. 74616］	- 0. 008286 （0. 01467） ［- 0. 56492］
INFLATION（-4）	- 0. 000764 （0. 00214） ［- 0. 35725］	- 0. 035924 （0. 02130） ［- 1. 68658］	- 0. 011102 （0. 02244） ［- 0. 49462］	- 0. 001421 （0. 01104） ［- 0. 12867］
PRICE（-1）	0. 006627 （0. 00420） ［1. 57761］	0. 087550 （0. 04152） ［2. 10876］	0. 725299 （0. 04431） ［16. 3674］	- 0. 006248 （0. 02170） ［- 0. 28792］

续表

变量	OUTPUT	INFLATION	PRICE	QUANTITY
PRICE（-2）	0.001339 (0.00376) [0.35607]	-0.025684 (0.03717) [-0.69097]	0.084734 (0.03979) [2.12970]	-0.005171 (0.01943) [-0.26611]
PRICE（-3）	5.73E-05 (0.00271) [0.02113]	-0.030632 (0.02683) [-1.14184]	0.039970 (0.02873) [1.39106]	-0.003940 (0.01402) [-0.28098]
PRICE（-4）	3.72E-05 (0.00210) [0.01773]	-0.021418 (0.02076) [-1.03169]	0.029388 (0.02224) [1.32154]	0.001847 (0.01085) [0.17020]
QUANTITY（-1）	0.021354 (0.01039) [2.05555]	0.277760 (0.10267) [2.70529]	0.069188 (0.10907) [0.63436]	0.081928 (0.05383) [1.52184]
QUANTITY（-2）	-0.002510 (0.00760) [-0.33014]	0.041124 (0.07515) [0.54724]	0.064170 (0.07983) [0.80386]	0.080604 (0.03953) [2.03896]
QUANTITY（-3）	0.001488 (0.00570) [0.26123]	0.041964 (0.05631) [0.74528]	0.027772 (0.05981) [0.46431]	0.035125 (0.02967) [1.18387]
QUANTITY（-4）	0.001139 (0.00448) [0.25442]	0.038479 (0.04426) [0.86948]	0.006087 (0.04701) [0.12949]	0.020898 (0.02334) [0.89543]
C	0.484597 (0.09935) [4.87759]	-0.506023 (0.98167) [-0.51547]	-2.274573 (1.04318) [-2.18042]	-0.390499 (0.51314) [-0.76100]
R-squared	0.999259	0.941646	0.951705	0.091346
Adj. R-squared	0.999205	0.937383	0.948177	0.024960
Sum sq. resids	0.981108	103.8033	113.5283	28.51058
S. E. equation	0.066932	0.688467	0.719996	0.360812
F-statistic	18462.24	220.8717	269.7267	1.375991
Mean dependent	36.21038	0.049482	8.977086	0.303407
S. D. dependent	2.373916	2.751286	3.162765	0.365401

（2）金融危机之前。

单位根检验
Roots of Characteristic Polynomial
Endogenous variables：OUTPUT
INFLATION PRICE QUANTITY
Exogenous variables：C
Lag specification：1 4
Date：03/04/20   Time：00：08

Root	Modulus
0.985210	0.985210
0.839005 – 0.108836i	0.846034
0.839005 + 0.108836i	0.846034
– 0.049288 – 0.341933i	0.345467
– 0.049288 + 0.341933i	0.345467
0.061414 – 0.331415i	0.337057
0.061414 + 0.331415i	0.337057
0.319584 – 0.072739i	0.327757
0.319584 + 0.072739i	0.327757
0.037168 – 0.325014i	0.327132
0.037168 + 0.325014i	0.327132
– 0.309624 – 0.031423i	0.311215
– 0.309624 + 0.031423i	0.311215
– 0.280471	0.280471
– 0.139996 – 0.151075i	0.205967
– 0.139996 + 0.151075i	0.205967

No root lies outside the unit circle.
VAR satisfies the stability condition.

模型结果
Bayesian VAR Estimates
Date：03/04/20　Time：00：08
Sample（adjusted）：2000M05 2006M12
Included observations：80 after adjustments
Prior type：Litterman/Minnesota
Initial residual covariance：Univariate AR
Hyper-parameters：Mu：0，L1：0.1，L2：0.99，L3：1
Standard errors in（）& t－statistics in［］

变量	OUTPUT	INFLATION	PRICE	QUANTITY
OUTPUT （-1）	0.534531 (0.06126) [8.72610]	0.020213 (0.14002) [0.14436]	0.075573 (0.09589) [0.78814]	0.008480 (0.00552) [1.53576]
OUTPUT （-2）	0.084213 (0.04428) [1.90169]	-0.026496 (0.10087) [-0.26268]	-0.005405 (0.06908) [-0.07824]	0.003759 (0.00398) [0.94511]
OUTPUT （-3）	0.013073 (0.03107) [0.42070]	0.014134 (0.07075) [0.19976]	0.001121 (0.04846) [0.02314]	0.002103 (0.00279) [0.75357]
OUTPUT （-4）	0.006483 (0.02375) [0.27294]	0.015847 (0.05407) [0.29307]	-0.003690 (0.03703) [-0.09963]	0.001283 (0.00213) [0.60190]
INFLATION （-1）	-0.038334 (0.02398) [-1.59879]	0.639291 (0.05543) [11.5333]	0.025414 (0.03773) [0.67351]	-0.002041 (0.00217) [-0.93944]
INFLATION （-2）	-0.010340 (0.01900) [-0.54414]	0.106975 (0.04405) [2.42825]	0.006844 (0.02990) [0.22886]	-0.000619 (0.00172) [-0.35939]
INFLATION （-3）	-0.013361 (0.01334) [-1.00163]	0.044633 (0.03093) [1.44304]	-0.001046 (0.02099) [-0.04982]	-0.000352 (0.00121) [-0.29127]
INFLATION （-4）	-0.008198 (0.01024) [-0.80071]	0.028618 (0.02374) [1.20533]	0.002007 (0.01611) [0.12457]	-0.000174 (0.00093) [-0.18762]
PRICE （-1）	0.058029 (0.03227) [1.79825]	0.131917 (0.07415) [1.77916]	0.739366 (0.05110) [14.4688]	0.002342 (0.00292) [0.80099]

续表

变量	OUTPUT	INFLATION	PRICE	QUANTITY
PRICE（-2）	0. 009500 （0. 02793） ［0. 34010］	- 0. 001944 （0. 06418） ［- 0. 03029］	0. 117298 （0. 04436） ［2. 64444］	- 0. 000364 （0. 00253） ［- 0. 14367］
PRICE（-3）	0. 015508 （0. 01960） ［0. 79108］	- 0. 004268 （0. 04504） ［- 0. 09476］	0. 058568 （0. 03113） ［1. 88114］	0. 000223 （0. 00178） ［0. 12570］
PRICE（-4）	0. 008570 （0. 01508） ［0. 56823］	- 8. 28E - 05 （0. 03465） ［- 0. 00239］	0. 029203 （0. 02396） ［1. 21882］	4. 46E - 05 （0. 00137） ［0. 03260］
QUANTITY（-1）	0. 313014 （0. 74396） ［0. 42074］	3. 244429 （1. 70913） ［1. 89829］	0. 091519 （1. 17045） ［0. 07819］	0. 308077 （0. 06775） ［4. 54760］
QUANTITY（-2）	0. 798278 （0. 48710） ［1. 63883］	1. 202471 （1. 11918） ［1. 07442］	0. 198354 （0. 76648） ［0. 25879］	0. 100736 （0. 04450） ［2. 26388］
QUANTITY（-3）	0. 255838 （0. 34496） ［0. 74164］	0. 801489 （0. 79260） ［1. 01122］	- 0. 001970 （0. 54283） ［- 0. 00363］	0. 039088 （0. 03154） ［1. 23933］
QUANTITY（-4）	0. 111300 （0. 26371） ［0. 42205］	0. 382456 （0. 60593） ［0. 63119］	- 0. 078383 （0. 41498） ［- 0. 18888］	0. 013407 （0. 02412） ［0. 55587］
C	- 0. 705503 （0. 24560） ［- 2. 87259］	- 2. 260237 （0. 56428） ［- 4. 00553］	0. 369826 （0. 38652） ［0. 95682］	0. 110507 （0. 02231） ［4. 95348］
R - squared	0. 794341	0. 913912	0. 936570	0. 580943
Adj. R - squared	0. 742110	0. 892049	0. 920461	0. 474516
Sum sq. resids	6. 314436	32. 47264	18. 59237	0. 052587
S. E. equation	0. 316590	0. 717941	0. 543247	0. 028891
F - statistic	15. 20825	41. 80070	58. 13919	5. 458593
Mean dependent	0. 638142	- 1. 016469	5. 566118	0. 252717
S. D. dependent	0. 623419	2. 185116	1. 926228	0. 039856

（3）金融危机与复苏。

单位根检验
Roots of Characteristic Polynomial
Endogenous variables：OUTPUT
INFLATION PRICE QUANTITY
Exogenous variables：C
Lag specification：1 4
Date：03/04/20 Time：14：33

Root	Modulus
0. 988514	0. 988514
0. 892204	0. 892204
0. 735749	0. 735749
0. 433648	0. 433648
0. 012087 − 0. 372143i	0. 372339
0. 012087 + 0. 372143i	0. 372339
− 0. 220870 − 0. 275119i	0. 352809
− 0. 220870 + 0. 275119i	0. 352809
0. 028075 − 0. 339105i	0. 340265
0. 028075 + 0. 339105i	0. 340265
− 0. 224168 − 0. 248501i	0. 334670
− 0. 224168 + 0. 248501i	0. 334670
− 0. 323889	0. 323889
− 0. 293317	0. 293317
0. 227944 − 0. 166106i	0. 282046
0. 227944 + 0. 166106i	0. 282046

No root lies outside the unit circle.
VAR satisfies the stability condition.

模型结果

Bayesian VAR Estimates
Date：03/04/20 Time：14：30
Sample：2007M01 2014M12
Included observations：96
Prior type：Litterman/Minnesota
Initial residual covariance：Full VAR
Hyper-parameters：Mu：0，L1：0.1，L2：0.99，L3：1
Standard errors in （ ） & t－statistics in ［ ］

变量	OUTPUT	INFLATION	PRICE	QUANTITY
OUTPUT （－1）	0.629483 (0.05092) [12.3632]	0.112944 (0.52375) [0.21564]	0.601698 (0.63204) [0.95199]	0.606385 (0.20452) [2.96495]
OUTPUT （－2）	0.160806 (0.04225) [3.80571]	－0.052734 (0.43385) [－0.12155]	0.143377 (0.52387) [0.27369]	0.153227 (0.16958) [0.90355]
OUTPUT （－3）	0.074861 (0.03042) [2.46125]	－0.178989 (0.31209) [－0.57352]	－0.133521 (0.37698) [－0.35419]	0.022213 (0.12207) [0.18197]
OUTPUT （－4）	0.039082 (0.02346) [1.66565]	－0.150722 (0.24068) [－0.62623]	0.017496 (0.29077) [0.06017]	0.045921 (0.09417) [0.48765]
INFLATION （－1）	－0.002064 (0.00451) [－0.45782]	0.869172 (0.04695) [18.5115]	0.146899 (0.05636) [2.60660]	－0.006618 (0.01823) [－0.36309]
INFLATION （－2）	－0.000671 (0.00411) [－0.16345]	0.098299 (0.04289) [2.29182]	0.019979 (0.05135) [0.38908]	0.000540 (0.01662) [0.03246]
INFLATION （－3）	－0.002798 (0.00284) [－0.98494]	－0.012499 (0.02967) [－0.42121]	－0.011712 (0.03553) [－0.32963]	－0.009151 (0.01150) [－0.79545]
INFLATION （－4）	－0.001366 (0.00214) [－0.63912]	－0.042045 (0.02232) [－1.88350]	－0.003280 (0.02673) [－0.12268]	－0.004754 (0.00865) [－0.54935]
PRICE （－1）	0.005676 (0.00479) [1.18399]	0.068414 (0.04967) [1.37742]	0.480496 (0.06021) [7.98039]	－0.019152 (0.01938) [－0.98836]

续表

变量	OUTPUT	INFLATION	PRICE	QUANTITY
PRICE （-2）	0. 001434 （0. 00342） [0. 41891]	-0. 009502 （0. 03545） [-0. 26803]	0. 077029 （0. 04315） [1. 78509]	0. 003001 （0. 01385） [0. 21663]
PRICE （-3）	-0. 000243 （0. 00242） [-0. 10046]	-0. 020815 （0. 02505） [-0. 83109]	0. 030049 （0. 03052） [0. 98471]	-0. 002624 （0. 00979） [-0. 26789]
PRICE （-4）	9. 22E-06 （0. 00186） [0. 00496]	-0. 016875 （0. 01922） [-0. 87781]	0. 021121 （0. 02343） [0. 90144]	-0. 001592 （0. 00752） [-0. 21169]
QUANTITY （-1）	0. 048698 （0. 01728） [2. 81804]	0. 060295 （0. 17901） [0. 33683]	0. 197294 （0. 21587） [0. 91396]	0. 099896 （0. 07012） [1. 42459]
QUANTITY （-2）	0. 006669 （0. 01096） [0. 60834]	0. 066577 （0. 11354） [0. 58636]	-0. 059680 （0. 13706） [-0. 43545]	0. 009163 （0. 04470） [0. 20497]
QUANTITY （-3）	0. 004563 （0. 00773） [0. 59009]	0. 017636 （0. 08007） [0. 22025]	-0. 016479 （0. 09672） [-0. 17039]	0. 024315 （0. 03160） [0. 76949]
QUANTITY （-4）	0. 002858 （0. 00593） [0. 48206]	0. 010818 （0. 06138） [0. 17623]	-0. 057401 （0. 07417） [-0. 77391]	-0. 005543 （0. 02425） [-0. 22857]
C	3. 526238 （0. 86839） [4. 06066]	9. 790129 （8. 99194） [1. 08877]	-19. 02684 （10. 8532） [-1. 75310]	-30. 36811 （3. 52512） [-8. 61477]
R - squared	0. 993725	0. 942861	0. 830911	0. 897325
Adj. R - squared	0. 992454	0. 931289	0. 796666	0. 876530
Sum sq. resids	0. 426125	62. 54891	82. 96467	7. 187513
S. E. equation	0. 073444	0. 889808	1. 024786	0. 301631
F - statistic	781. 8619	81. 47494	24. 26316	43. 15114
Mean dependent	37. 05189	1. 166047	11. 32982	0. 002874
S. D. dependent	0. 845444	3. 394554	2. 272624	0. 858411

（4）新常态时期。

Roots of Characteristic Polynomial
Endogenous variables：INFLATION
　　OUTPUT PRICE QUANTITY
Exogenous variables：C
Lag specification：1 2
Date：03/04/20　Time：15：10

Root	Modulus
0.926524	0.926524
0.488606	0.488606
0.281993	0.281993
−0.216247	0.216247
0.178184	0.178184
−0.156714	0.156714
0.087401	0.087401
−0.055270	0.055270

No root lies outside the unit circle.
VAR satisfies the stability condition.

模型结果
Bayesian VAR Estimates
Date：02/27/20 Time：00：15
Sample（adjusted）：2015M03 2019M12
Included observations：58 after adjustments
Prior type：Litterman/Minnesota
Initial residual covariance：Full VAR
Hyper-parameters：Mu：0，L1：0.1，L2：0.99，L3：1
Standard errors in（）& t – statistics in ［］

变量	INFLATION	OUTPUT	PRICE	QUANTITY
INFLATION（−1）	0.420011 (0.06911) [6.07777]	0.014323 (0.00935) [1.53115]	0.002092 (0.00399) [0.52383]	0.083784 (0.05146) [1.62812]
INFLATION（−2）	0.063261 (0.04533) [1.39544]	0.005794 (0.00610) [0.94959]	−4.49E−05 (0.00261) [−0.01722]	0.035578 (0.03366) [1.05700]

续表

变量	INFLATION	OUTPUT	PRICE	QUANTITY
OUTPUT（-1）	0.831195 (0.45099) [1.84303]	0.477621 (0.06165) [7.74742]	0.057288 (0.02620) [2.18663]	0.825365 (0.33764) [2.44453]
OUTPUT（-2）	0.286039 (0.32665) [0.87567]	0.131997 (0.04472) [2.95169]	0.036868 (0.01895) [1.94565]	0.094535 (0.24464) [0.38643]
PRICE（-1）	0.660925 (1.13444) [0.58260]	0.183066 (0.15445) [1.18529]	0.398834 (0.06627) [6.01815]	1.279709 (0.84894) [1.50742]
PRICE（-2）	0.138917 (0.76059) [0.18265]	0.118638 (0.10333) [1.14817]	0.019768 (0.04452) [0.44403]	0.175557 (0.56949) [0.30827]
QUANTITY（-1）	0.207916 (0.09918) [2.09638]	0.037534 (0.01350) [2.77985]	0.001238 (0.00576) [0.21470]	0.238010 (0.07462) [3.18969]
QUANTITY（-2）	0.061862 (0.06109) [1.01259]	0.007407 (0.00829) [0.89314]	0.002633 (0.00354) [0.74295]	0.046326 (0.04615) [1.00390]
C	-46.17596 (15.8751) [-2.90871]	14.29271 (2.16574) [6.59945]	-2.222776 (0.92236) [-2.40987]	-37.16031 (11.8815) [-3.12759]
R - squared	0.810911	0.896419	0.700975	0.719421
Adj. R - squared	0.780040	0.879508	0.652155	0.673612
Sum sq. resids	14.87869	0.267677	0.062512	8.145407
S. E. equation	0.551041	0.073911	0.035718	0.407717
F - statistic	26.26722	53.00733	14.35826	15.70482
Mean dependent	-0.241819	38.81227	2.476089	2.901350
S. D. dependent	1.174930	0.212925	0.060561	0.713660

附录三：第 5 章 TVP－SV－BFAVAR 的 R 语言程序代码

（模型估计与作图部分）
##第 4 章 TVP－SV－BFAVAR 的模型估计与脉冲响应##

```
library(bvarsv)
library(xlsx)
library(plot3D)
x <- c(1:50)
y <- c(2004:2019)
```

#读入数据并转为 matrix#

```
data <- as.matrix(Data)
equp1 <- bvar.sv.tvp(data, p = 2, tau = 46, nf = 1, nrep = 20000, nburn = 6000, itprint = 4000)
```

##每年切片##

##price output##

```
PRIO1 <- impulse.responses(equp1,1,3,t=12,nhor=100,scenario=2)
PRIO2 <- impulse.responses(equp1,1,3,t=24,nhor=100,scenario=2)
PRIO3 <- impulse.responses(equp1,1,3,t=36,nhor=100,scenario=2)
PRIO4 <- impulse.responses(equp1,1,3,t=48,nhor=100,scenario=2)
PRIO5 <- impulse.responses(equp1,1,3,t=60,nhor=100,scenario=2)
PRIO6 <- impulse.responses(equp1,1,3,t=72,nhor=100,scenario=2)
PRIO7 <- impulse.responses(equp1,1,3,t=84,nhor=100,scenario=2)
PRIO8 <- impulse.responses(equp1,1,3,t=96,nhor=100,scenario=2)
PRIO9 <- impulse.responses(equp1,1,3,t=108,nhor=100,scenario=2)
```

```
PRIO10 <- impulse. responses( equp1 ,1 ,3 , t = 120 , nhor = 100 , scenario = 2 )
PRIO11 <- impulse. responses( equp1 ,1 ,3 , t = 132 , nhor = 100 , scenario = 2 )
PRIO12 <- impulse. responses( equp1 ,1 ,3 , t = 144 , nhor = 100 , scenario = 2 )
PRIO13 <- impulse. responses( equp1 ,1 ,3 , t = 156 , nhor = 100 , scenario = 2 )
PRIO14 <- impulse. responses( equp1 ,1 ,3 , t = 168 , nhor = 100 , scenario = 2 )
PRIO15 <- impulse. responses( equp1 ,1 ,3 , t = 180 , nhor = 100 , scenario = 2 )
PRIO16 <- impulse. responses( equp1 ,1 ,3 , t = 192 , nhor = 100 , scenario = 2 )


po1 <- colMeans( PRII1 $ irf)
po2 <- colMeans( PRII2 $ irf)
po3 <- colMeans( PRII3 $ irf)
po4 <- colMeans( PRII4 $ irf)
po5 <- colMeans( PRII5 $ irf)
po6 <- colMeans( PRII6 $ irf)
po7 <- colMeans( PRII7 $ irf)
po8 <- colMeans( PRII8 $ irf)
po9 <- colMeans( PRII9 $ irf)
po10 <- colMeans( PRII10 $ irf)
po11 <- colMeans( PRII11 $ irf)
po12 <- colMeans( PRII12 $ irf)
po13 <- colMeans( PRII13 $ irf)
po14 <- colMeans( PRII14 $ irf)
po15 <- colMeans( PRII15 $ irf)
po16 <- colMeans( PRII16 $ irf)


priceo <- cbind ( po1 , po2 , po3 , po4 , po5 , po6 , po7 , po8 , po9 , po10 , po11 ,
po12 , po13 , po14 , po15 , po16 )


write. xlsx ( priceo , "priceo. xlsx")
```

```
z <- priceo
```

```
persp( x, y, z, theta = 40, phi = 50, col = "darkgrey", scale = FALSE, shade =
0. 5, box = TRUE, ticktype = "detailed", xlab = "Period", ylab = "Year", zlab = "Im-
pulse Response")
    jpeg( file = "priceo1. jpeg")
    dev. off( )
```

```
persp( x, y, z, theta = - 90, phi = 0, col = "darkgrey", scale = FALSE, shade =
0. 5, box = TRUE, ticktype = "detailed", xlab = "Period", ylab = "Year", zlab = "Im-
pulse Response")
    jpeg( file = "priceo2. jpeg")
    dev. off( )
```

```
persp( x, y, z, theta = 0, phi = 90, col = "darkgrey", scale = FALSE, shade = 0. 5,
box = TRUE, ticktype = "detailed", xlab = "Period", ylab = "Year", zlab = "Impulse Re-
sponse")
    jpeg( file = "priceo2. jpeg")
    dev. off( )
```

```
##price inflation##
```

```
PRII1 <- impulse. responses( equp1, 3, 3, t = 12, nhor = 100, scenario = 2)
PRII2 <- impulse. responses( equp1, 3, 3, t = 24, nhor = 100, scenario = 2)
PRII3 <- impulse. responses( equp1, 3, 3, t = 36, nhor = 100, scenario = 2)
PRII4 <- impulse. responses( equp1, 3, 3, t = 48, nhor = 100, scenario = 2)
PRII5 <- impulse. responses( equp1, 3, 3, t = 60, nhor = 100, scenario = 2)
PRII6 <- impulse. responses( equp1, 3, 3, t = 72, nhor = 100, scenario = 2)
PRII7 <- impulse. responses( equp1, 3, 3, t = 84, nhor = 100, scenario = 2)
PRII8 <- impulse. responses( equp1, 3, 3, t = 96, nhor = 100, scenario = 2)
```

```
PRII9 <- impulse. responses( equp1 ,3 ,3 , t = 108 , nhor = 100 , scenario = 2 )
PRII10 <- impulse. responses( equp1 ,3 ,3 , t = 120 , nhor = 100 , scenario = 2 )
PRII11 <- impulse. responses( equp1 ,3 ,3 , t = 132 , nhor = 100 , scenario = 2 )
PRII12 <- impulse. responses( equp1 ,3 ,3 , t = 144 , nhor = 100 , scenario = 2 )
PRII13 <- impulse. responses( equp1 ,3 ,3 , t = 156 , nhor = 100 , scenario = 2 )
PRII14 <- impulse. responses( equp1 ,3 ,3 , t = 168 , nhor = 100 , scenario = 2 )
PRII15 <- impulse. responses( equp1 ,3 ,3 , t = 180 , nhor = 100 , scenario = 2 )
PRII16 <- impulse. responses( equp1 ,3 ,3 , t = 192 , nhor = 100 , scenario = 2 )


pi1 <- colMeans( PRII1 $ irf )
pi2 <- colMeans( PRII2 $ irf )
pi3 <- colMeans( PRII3 $ irf )
pi4 <- colMeans( PRII4 $ irf )
pi5 <- colMeans( PRII5 $ irf )
pi6 <- colMeans( PRII6 $ irf )
pi7 <- colMeans( PRII7 $ irf )
pi8 <- colMeans( PRII8 $ irf )
pi9 <- colMeans( PRII9 $ irf )
pi10 <- colMeans( PRII10 $ irf )
pi11 <- colMeans( PRII11 $ irf )
pi12 <- colMeans( PRII12 $ irf )
pi13 <- colMeans( PRII13 $ irf )
pi14 <- colMeans( PRII14 $ irf )
pi15 <- colMeans( PRII15 $ irf )
pi16 <- colMeans( PRII16 $ irf )


pricei <- cbind( pi1 , pi2 , pi3 , pi4 , pi5 , pi6 , pi7 , pi8 , pi9 , pi10 , pi11 , pi12 , pi13 ,
pi14 , pi15 , pi16 )


write. xlsx( pricei ,"pricei. xlsx")
```

```
z <- pricei
```

```
persp( x , y , z , theta = 40 , phi = 50 , col = "darkgrey", scale = FALSE, shade = 0. 5 , box = TRUE , ticktype = "detailed", xlab = "Period", ylab = "Year", zlab = "Impulse Response")
    jpeg( file = "pricei1. jpeg")
    dev. off( )
```

```
persp( x , y , z , theta = – 90 , phi = 0 , col = "darkgrey", scale = FALSE, shade = 0. 5 , box = TRUE , ticktype = "detailed", xlab = "Period", ylab = "Year", zlab = "Impulse Response")
    jpeg( file = "pricei2. jpeg")
    dev. off( )
```

```
persp( x , y , z , theta = 0 , phi = 90 , col = "darkgrey", scale = FALSE, shade = 0. 5 , box = TRUE , ticktype = "detailed", xlab = "Period", ylab = "Year", zlab = "Impulse Response")
    jpeg( file = "pricei3. jpeg")
    dev. off( )
```

```
##quantity output##
```

```
QUTO1 <- impulse. responses( equp1 , 1 , 4 , t = 12 , nhor = 100 , scenario = 2 )
QUTO2 <- impulse. responses( equp1 , 1 , 4 , t = 24 , nhor = 100 , scenario = 2 )
QUTO3 <- impulse. responses( equp1 , 1 , 4 , t = 36 , nhor = 100 , scenario = 2 )
QUTO4 <- impulse. responses( equp1 , 1 , 4 , t = 48 , nhor = 100 , scenario = 2 )
QUTO5 <- impulse. responses( equp1 , 1 , 4 , t = 60 , nhor = 100 , scenario = 2 )
QUTO6 <- impulse. responses( equp1 , 1 , 4 , t = 72 , nhor = 100 , scenario = 2 )
QUTO7 <- impulse. responses( equp1 , 1 , 4 , t = 84 , nhor = 100 , scenario = 2 )
QUTO8 <- impulse. responses( equp1 , 1 , 4 , t = 96 , nhor = 100 , scenario = 2 )
QUTO9 <- impulse. responses( equp1 , 1 , 4 , t = 108 , nhor = 100 , scenario = 2 )
```

```
QUTO10 <- impulse. responses( equpl ,1 ,4 ,t =120 ,nhor =100 ,scenario =2 )
QUTO11 <- impulse. responses( equpl ,1 ,4 ,t =132 ,nhor =100 ,scenario =2 )
QUTO12 <- impulse. responses( equpl ,1 ,4 ,t =144 ,nhor =100 ,scenario =2 )
QUTO13 <- impulse. responses( equpl ,1 ,4 ,t =156 ,nhor =100 ,scenario =2 )
QUTO14 <- impulse. responses( equpl ,1 ,4 ,t =168 ,nhor =100 ,scenario =2 )
QUTO15 <- impulse. responses( equpl ,1 ,4 ,t =180 ,nhor =100 ,scenario =2 )
QUTO16 <- impulse. responses( equpl ,1 ,4 ,t =192 ,nhor =100 ,scenario =2 )

qo1 <- colMeans( QUTO1 $ irf)
qo2 <- colMeans( QUTO2 $ irf)
qo3 <- colMeans( QUTO3 $ irf)
qo4 <- colMeans( QUTO4 $ irf)
qo5 <- colMeans( QUTO5 $ irf)
qo6 <- colMeans( QUTO6 $ irf)
qo7 <- colMeans( QUTO7 $ irf)
qo8 <- colMeans( QUTO8 $ irf)
qo9 <- colMeans( QUTO9 $ irf)
qo10 <- colMeans( QUTO10 $ irf)
qo11 <- colMeans( QUTO11 $ irf)
qo12 <- colMeans( QUTO12 $ irf)
qo13 <- colMeans( QUTO13 $ irf)
qo14 <- colMeans( QUTO14 $ irf)
qo15 <- colMeans( QUTO15 $ irf)
qo16 <- colMeans( QUTO16 $ irf)

quantityo <- cbind ( qo1 , qo2 , qo3 , qo4 , qo5 , qo6 , qo7 , qo8 , qo9 , qo10 , qo11 ,
qo12 ,qo13 ,qo14 ,qo15 ,qo16 )

write. xlsx( quantityo ,"quantityo. xlsx")

z <- quantityo
```

```
persp( x, y, z, theta = 40, phi = 50, col = "darkgrey", scale = FALSE, shade =
0. 5, box = TRUE, ticktype = "detailed", xlab = "Period", ylab = "Year", zlab = "Im-
pulse Response")
    jpeg( file = "quantityo1. jpeg")
    dev. off( )


persp( x, y, z, theta = - 90, phi = 0, col = "darkgrey", scale = FALSE, shade =
0. 5, box = TRUE, ticktype = "detailed", xlab = "Period", ylab = "Year", zlab = "Im-
pulse Response")
    jpeg( file = "quantityo2. jpeg")
    dev. off( )


persp( x, y, z, theta = 0, phi = 90, col = "darkgrey", scale = FALSE, shade = 0. 5,
box = TRUE, ticktype = "detailed", xlab = "Period", ylab = "Year", zlab = "Impulse Re-
sponse")
    jpeg( file = "quantityo3. jpeg")
    dev. off( )




##quantityinflation##


QUTI1 < - impulse. responses( equp1 ,4 ,4 ,t = 12, nhor = 100, scenario = 2)
QUTI2 < - impulse. responses( equp1 ,4 ,4 ,t = 24, nhor = 100, scenario = 2)
QUTI3 < - impulse. responses( equp1 ,4 ,4 ,t = 36, nhor = 100, scenario = 2)
QUTI4 < - impulse. responses( equp1 ,4 ,4 ,t = 48, nhor = 100, scenario = 2)
QUTI5 < - impulse. responses( equp1 ,4 ,4 ,t = 60, nhor = 100, scenario = 2)
QUTI6 < - impulse. responses( equp1 ,4 ,4 ,t = 72, nhor = 100, scenario = 2)
QUTI7 < - impulse. responses( equp1 ,4 ,4 ,t = 84, nhor = 100, scenario = 2)
QUTI8 < - impulse. responses( equp1 ,4 ,4 ,t = 96, nhor = 100, scenario = 2)
QUTI9 < - impulse. responses( equp1 ,4 ,4 ,t = 108, nhor = 100, scenario = 2)
QUTI10 < - impulse. responses( equp1 ,4 ,4 ,t = 120, nhor = 100, scenario = 2)
```

```
QUTI11 <- impulse. responses( equp1 , 4 , 4 , t = 132 , nhor = 100 , scenario = 2 )
QUTI12 <- impulse. responses( equp1 , 4 , 4 , t = 144 , nhor = 100 , scenario = 2 )
QUTI13 <- impulse. responses( equp1 , 4 , 4 , t = 156 , nhor = 100 , scenario = 2 )
QUTI14 <- impulse. responses( equp1 , 4 , 4 , t = 168 , nhor = 100 , scenario = 2 )
QUTI15 <- impulse. responses( equp1 , 4 , 4 , t = 180 , nhor = 100 , scenario = 2 )
QUTI16 <- impulse. responses( equp1 , 4 , 4 , t = 192 , nhor = 100 , scenario = 2 )


qi1 <- colMeans( QUTI1 $ irf )
qi2 <- colMeans( QUTI2 $ irf )
qi3 <- colMeans( QUTI3 $ irf )
qi4 <- colMeans( QUTI4 $ irf )
qi5 <- colMeans( QUTI5 $ irf )
qi6 <- colMeans( QUTI6 $ irf )
qi7 <- colMeans( QUTI7 $ irf )
qi8 <- colMeans( QUTI8 $ irf )
qi9 <- colMeans( QUTI9 $ irf )
qi10 <- colMeans( QUTI10 $ irf )
qi11 <- colMeans( QUTI11 $ irf )
qi12 <- colMeans( QUTI12 $ irf )
qi13 <- colMeans( QUTI13 $ irf )
qi14 <- colMeans( QUTI14 $ irf )
qi15 <- colMeans( QUTI15 $ irf )
qi16 <- colMeans( QUTI16 $ irf )


quantityi <- cbind ( qi1 , qi2 , qi3 , qi4 , qi5 , qi6 , qi7 , qi8 , qi9 , qi10 , qi11 , qi12 ,
qi13 , qi14 , qi15 , qi16 )


write. xlsx ( quantityi , "quantityi. xlsx")


z <- quantityi


persp( x , y , z , theta = 40 , phi = 50 , col = "darkgrey", scale = FALSE, shade =
```

0. 5, box = TRUE, ticktype = "detailed", xlab = "Period", ylab = "Year", zlab = "Impulse Response")

    jpeg(file = "quantityi1. jpeg")

    dev. off( )

    persp(x, y, z, theta = – 90, phi = 0, col = "darkgrey", scale = FALSE, shade = 0. 5, box = TRUE, ticktype = "detailed", xlab = "Period", ylab = "Year", zlab = "Impulse Response")

    jpeg(file = "quantityi2. jpeg")

    dev. off( )

    persp(x, y, z, theta = 0, phi = 90, col = "darkgrey", scale = FALSE, shade = 0. 5, box = TRUE, ticktype = "detailed", xlab = "Period", ylab = "Year", zlab = "Impulse Response")

    jpeg(file = "quantityi3. jpeg")

    dev. off( )

附录四：第 6 章 TVP – SV – BFAVAR 的模型估计与脉冲响应代码

library(bvarsv)

library(xlsx)

library(plot3D)

#导入数据,转换为矩阵形式(as. matrix)   ##

cmdata < – as. matrix(Data)

x < – c(1 :50)

y < – c(2004 :2019)

#资本市场#

equp1 < – bvar. sv. tvp(cmdata, p = 2, tau = 46, nf = 1, nrep = 20000, nburn =

4000 , itprint = 4000)

#对价格型货币政策的响应#

PIR1 <− impulse. responses(equp1 ,2 ,1 ,t = 12 , nhor = 100 , scenario = 2)
PIR2 <− impulse. responses(equp1 ,2 ,1 ,t = 24 , nhor = 100 , scenario = 2)
PIR3 <− impulse. responses(equp1 ,2 ,1 ,t = 36 , nhor = 100 , scenario = 2)
PIR4 <− impulse. responses(equp1 ,2 ,1 ,t = 48 , nhor = 100 , scenario = 2)
PIR5 <− impulse. responses(equp1 ,2 ,1 ,t = 60 , nhor = 100 , scenario = 2)
PIR6 <− impulse. responses(equp1 ,2 ,1 ,t = 72 , nhor = 100 , scenario = 2)
PIR7 <− impulse. responses(equp1 ,2 ,1 ,t = 84 , nhor = 100 , scenario = 2)
PIR8 <− impulse. responses(equp1 ,2 ,1 ,t = 96 , nhor = 100 , scenario = 2)
PIR9 <− impulse. responses(equp1 ,2 ,1 ,t = 108 , nhor = 100 , scenario = 2)
PIR10 <− impulse. responses(equp1 ,2 ,1 ,t = 120 , nhor = 100 , scenario = 2)
PIR11 <− impulse. responses(equp1 ,2 ,1 ,t = 132 , nhor = 100 , scenario = 2)
PIR12 <− impulse. responses(equp1 ,2 ,1 ,t = 144 , nhor = 100 , scenario = 2)
PIR13 <− impulse. responses(equp1 ,2 ,1 ,t = 156 , nhor = 100 , scenario = 2)
PIR14 <− impulse. responses(equp1 ,2 ,1 ,t = 168 , nhor = 100 , scenario = 2)
PIR15 <− impulse. responses(equp1 ,2 ,1 ,t = 180 , nhor = 100 , scenario = 2)
PIR16 <− impulse. responses(equp1 ,2 ,1 ,t = 192 , nhor = 100 , scenario = 2)

p1 <− colMeans(PIR1 $ irf)
p2 <− colMeans(PIR2 $ irf)
p3 <− colMeans(PIR3 $ irf)
p4 <− colMeans(PIR4 $ irf)
p5 <− colMeans(PIR5 $ irf)
p6 <− colMeans(PIR6 $ irf)
p7 <− colMeans(PIR7 $ irf)
p8 <− colMeans(PIR8 $ irf)
p9 <− colMeans(PIR9 $ irf)
p10 <− colMeans(PIR10 $ irf)
p11 <− colMeans(PIR11 $ irf)

```
p12 < - colMeans( PIR12 $ irf)

p13 < - colMeans( PIR13 $ irf)

p14 < - colMeans( PIR14 $ irf)

p15 < - colMeans( PIR15 $ irf)

p16 < - colMeans( PIR16 $ irf)


price1 < - cbind( p1, p2, p3, p4, p5, p6, p7, p8, p9, p10, p11, p12, p13, p14,
p15, p16)


write. xlsx( price1, "price1. xlsx")


z < - price1


persp( x, y, z, theta = 0, phi = 90, col = "darkgrey", scale = FALSE, shade = 0. 5,
box = TRUE, ticktype = "detailed", xlab = "Period", ylab = "Year", zlab = "Impulse Re-
sponse")


jpeg( file = "price1. jpeg")


dev. off( )


#对数量型货币政策的响应#


quant1 < - impulse. responses( equp1, 3, 1, t = 12, nhor = 100, scenario = 2)

quant2 < - impulse. responses( equp1, 3, 1, t = 24, nhor = 100, scenario = 2)

quant3 < - impulse. responses( equp1, 3, 1, t = 36, nhor = 100, scenario = 2)

quant4 < - impulse. responses( equp1, 3, 1, t = 48, nhor = 100, scenario = 2)

quant5 < - impulse. responses( equp1, 3, 1, t = 60, nhor = 100, scenario = 2)

quant6 < - impulse. responses( equp1, 3, 1, t = 72, nhor = 100, scenario = 2)

quant7 < - impulse. responses( equp1, 3, 1, t = 84, nhor = 100, scenario = 2)

quant8 < - impulse. responses( equp1, 3, 1, t = 96, nhor = 100, scenario = 2)

quant9 < - impulse. responses( equp1, 3, 1, t = 108, nhor = 100, scenario = 2)
```

```
quant10 <- impulse. responses( equp1 ,3 ,1 ,t = 120 ,nhor = 100 ,scenario = 2 )
quant11 <- impulse. responses( equp1 ,3 ,1 ,t = 132 ,nhor = 100 ,scenario = 2 )
quant12 <- impulse. responses( equp1 ,3 ,1 ,t = 144 ,nhor = 100 ,scenario = 2 )
quant13 <- impulse. responses( equp1 ,3 ,1 ,t = 156 ,nhor = 100 ,scenario = 2 )
quant14 <- impulse. responses( equp1 ,3 ,1 ,t = 168 ,nhor = 100 ,scenario = 2 )
quant15 <- impulse. responses( equp1 ,3 ,1 ,t = 180 ,nhor = 100 ,scenario = 2 )
quant16 <- impulse. responses( equp1 ,3 ,1 ,t = 192 ,nhor = 100 ,scenario = 2 )

q1 <- colMeans( quant1 $ irf)
q2 <- colMeans( quant2 $ irf)
q3 <- colMeans( quant3 $ irf)
q4 <- colMeans( quant4 $ irf)
q5 <- colMeans( quant5 $ irf)
q6 <- colMeans( quant6 $ irf)
q7 <- colMeans( quant7 $ irf)
q8 <- colMeans( quant8 $ irf)
q9 <- colMeans( quant9 $ irf)
q10 <- colMeans( quant10 $ irf)
q11 <- colMeans( quant11 $ irf)
q12 <- colMeans( quant12 $ irf)
q13 <- colMeans( quant13 $ irf)
q14 <- colMeans( quant14 $ irf)
q15 <- colMeans( quant15 $ irf)
q16 <- colMeans( quant16 $ irf)

quantity1 <- cbind( q1 ,q2 ,q3 ,q4 ,q5 ,q6 ,q7 ,q8 ,q9 ,q10 ,q11 ,q12 ,q13 ,q14 ,
q15 ,q16 )

write. xlsx( quantity1 ,"quantity1. xlsx")

z <- quantity1
```

persp(x , y , z , theta = 0 , phi = 90 , col = "darkgrey" , scale = FALSE , shade = 0. 5 ,
box = TRUE , ticktype = "detailed" , xlab = "Period" , ylab = "Year" , zlab = "Impulse Re-
sponse")

jpeg(file = "quantity1. jpeg")

dev. off( )

#对财政政策的响应#

fisc1 < - impulse. responses(equp1 , 4 , 1 , t = 12 , nhor = 100 , scenario = 2)
fisc2 < - impulse. responses(equp1 , 4 , 1 , t = 24 , nhor = 100 , scenario = 2)
fisc3 < - impulse. responses(equp1 , 4 , 1 , t = 36 , nhor = 100 , scenario = 2)
fisc4 < - impulse. responses(equp1 , 4 , 1 , t = 48 , nhor = 100 , scenario = 2)
fisc5 < - impulse. responses(equp1 , 4 , 1 , t = 60 , nhor = 100 , scenario = 2)
fisc6 < - impulse. responses(equp1 , 4 , 1 , t = 72 , nhor = 100 , scenario = 2)
fisc7 < - impulse. responses(equp1 , 4 , 1 , t = 84 , nhor = 100 , scenario = 2)
fisc8 < - impulse. responses(equp1 , 4 , 1 , t = 96 , nhor = 100 , scenario = 2)
fisc9 < - impulse. responses(equp1 , 4 , 1 , t = 108 , nhor = 100 , scenario = 2)
fisc10 < - impulse. responses(equp1 , 4 , 1 , t = 120 , nhor = 100 , scenario = 2)
fisc11 < - impulse. responses(equp1 , 4 , 1 , t = 132 , nhor = 100 , scenario = 2)
fisc12 < - impulse. responses(equp1 , 4 , 1 , t = 144 , nhor = 100 , scenario = 2)
fisc13 < - impulse. responses(equp1 , 4 , 1 , t = 156 , nhor = 100 , scenario = 2)
fisc14 < - impulse. responses(equp1 , 4 , 1 , t = 168 , nhor = 100 , scenario = 2)
fisc15 < - impulse. responses(equp1 , 4 , 1 , t = 180 , nhor = 100 , scenario = 2)
fisc16 < - impulse. responses(equp1 , 4 , 1 , t = 192 , nhor = 100 , scenario = 2)

f1 < - colMeans(fisc1 $ irf)
f2 < - colMeans(fisc2 $ irf)
f3 < - colMeans(fisc3 $ irf)
f4 < - colMeans(fisc4 $ irf)
f5 < - colMeans(fisc5 $ irf)

```
f6 <- colMeans( fisc6 $ irf)
f7 <- colMeans( fisc7 $ irf)
f8 <- colMeans( fisc8 $ irf)
f9 <- colMeans( fisc9 $ irf)
f10 <- colMeans( fisc10 $ irf)
f11 <- colMeans( fisc11 $ irf)
f12 <- colMeans( fisc12 $ irf)
f13 <- colMeans( fisc13 $ irf)
f14 <- colMeans( fisc14 $ irf)
f15 <- colMeans( fisc15 $ irf)
f16 <- colMeans( fisc16 $ irf)


fiscall <- cbind( f1 , f2 , f3 , f4 , f5 , f6 , f7 , f8 , f9 , f10 , f11 , f12 , f13 , f14 , f15 ,
f16)


write. xlsx( fiscall ,"fiscall. xlsx")


z <- fiscall


persp( x , y , z , theta = 0 , phi = 90 , col = "darkgrey", scale = FALSE , shade = 0. 5 ,
box = TRUE , ticktype = "detailed", xlab = "Period", ylab = "Year", zlab = "Impulse Re-
sponse")


jpeg( file = "fiscall. jpeg")


dev. off( )


library( bvarsv)
library( xlsx)
#导入数据,转换为矩阵形式( as. matrix)    ##


hmdata <- as. matrix( realesta[ ,2 :5 ] )
```

\#房地产市场\#

equp2 <– bvar. sv. tvp (hmdata, p = 2, tau = 46, nf = 1, nrep = 10000, nburn = 6000, itprint = 4000)

\#对价格型货币政策的响应\#

PIR1 <– impulse. responses (equp2, 2, 1, t = 12, nhor = 100, scenario = 2)
PIR2 <– impulse. responses (equp2, 2, 1, t = 24, nhor = 100, scenario = 2)
PIR3 <– impulse. responses (equp2, 2, 1, t = 36, nhor = 100, scenario = 2)
PIR4 <– impulse. responses (equp2, 2, 1, t = 48, nhor = 100, scenario = 2)
PIR5 <– impulse. responses (equp2, 2, 1, t = 60, nhor = 100, scenario = 2)
PIR6 <– impulse. responses (equp2, 2, 1, t = 72, nhor = 100, scenario = 2)
PIR7 <– impulse. responses (equp2, 2, 1, t = 84, nhor = 100, scenario = 2)
PIR8 <– impulse. responses (equp2, 2, 1, t = 96, nhor = 100, scenario = 2)
PIR9 <– impulse. responses (equp2, 2, 1, t = 108, nhor = 100, scenario = 2)
PIR10 <– impulse. responses (equp2, 2, 1, t = 120, nhor = 100, scenario = 2)
PIR11 <– impulse. responses (equp2, 2, 1, t = 132, nhor = 100, scenario = 2)
PIR12 <– impulse. responses (equp2, 2, 1, t = 144, nhor = 100, scenario = 2)
PIR13 <– impulse. responses (equp2, 2, 1, t = 156, nhor = 100, scenario = 2)
PIR14 <– impulse. responses (equp2, 2, 1, t = 168, nhor = 100, scenario = 2)
PIR15 <– impulse. responses (equp2, 2, 1, t = 180, nhor = 100, scenario = 2)
PIR16 <– impulse. responses (equp2, 2, 1, t = 192, nhor = 100, scenario = 2)

p1 <– colMeans (PIR1 \$ irf)
p2 <– colMeans (PIR2 \$ irf)
p3 <– colMeans (PIR3 \$ irf)
p4 <– colMeans (PIR4 \$ irf)
p5 <– colMeans (PIR5 \$ irf)
p6 <– colMeans (PIR6 \$ irf)
p7 <– colMeans (PIR7 \$ irf)
p8 <– colMeans (PIR8 \$ irf)

```
p9 <- colMeans( PIR9 $ irf)
p10 <- colMeans( PIR10 $ irf)
p11 <- colMeans( PIR11 $ irf)
p12 <- colMeans( PIR12 $ irf)
p13 <- colMeans( PIR13 $ irf)
p14 <- colMeans( PIR14 $ irf)
p15 <- colMeans( PIR15 $ irf)
p16 <- colMeans( PIR16 $ irf)


price <- cbind( p1, p2, p3, p4, p5, p6, p7, p8, p9, p10, p11, p12, p13, p14,
p15, p16)


write. xlsx( price, "price2. xlsx")


z <- price


persp( x, y, z, theta = 0, phi = 90, col = "darkgrey", scale = FALSE, shade = 0. 5,
box = TRUE, ticktype = "detailed", xlab = "Period", ylab = "Year", zlab = "Impulse Re-
sponse")


jpeg( file = "price2. jpeg")


dev. off( )


#对数量型货币政策的响应#


quant1 <- impulse. responses( equp2, 3, 1, t = 12, nhor = 100, scenario = 2)
quant2 <- impulse. responses( equp2, 3, 1, t = 24, nhor = 100, scenario = 2)
quant3 <- impulse. responses( equp2, 3, 1, t = 36, nhor = 100, scenario = 2)
quant4 <- impulse. responses( equp2, 3, 1, t = 48, nhor = 100, scenario = 2)
quant5 <- impulse. responses( equp2, 3, 1, t = 60, nhor = 100, scenario = 2)
quant6 <- impulse. responses( equp2, 3, 1, t = 72, nhor = 100, scenario = 2)
```

```
quant7 <- impulse. responses( equp2 ,3 ,1 , t = 84 , nhor = 100 , scenario = 2 )
quant8 <- impulse. responses( equp2 ,3 ,1 , t = 96 , nhor = 100 , scenario = 2 )
quant9 <- impulse. responses( equp2 ,3 ,1 , t = 108 , nhor = 100 , scenario = 2 )
quant10 <- impulse. responses( equp2 ,3 ,1 , t = 120 , nhor = 100 , scenario = 2 )
quant11 <- impulse. responses( equp2 ,3 ,1 , t = 132 , nhor = 100 , scenario = 2 )
quant12 <- impulse. responses( equp2 ,3 ,1 , t = 144 , nhor = 100 , scenario = 2 )
quant13 <- impulse. responses( equp2 ,3 ,1 , t = 156 , nhor = 100 , scenario = 2 )
quant14 <- impulse. responses( equp2 ,3 ,1 , t = 168 , nhor = 100 , scenario = 2 )
quant15 <- impulse. responses( equp2 ,3 ,1 , t = 180 , nhor = 100 , scenario = 2 )
quant16 <- impulse. responses( equp2 ,3 ,1 , t = 192 , nhor = 100 , scenario = 2 )

q1 <- colMeans( quant1 $ irf)
q2 <- colMeans( quant2 $ irf)
q3 <- colMeans( quant3 $ irf)
q4 <- colMeans( quant4 $ irf)
q5 <- colMeans( quant5 $ irf)
q6 <- colMeans( quant6 $ irf)
q7 <- colMeans( quant7 $ irf)
q8 <- colMeans( quant8 $ irf)
q9 <- colMeans( quant9 $ irf)
q10 <- colMeans( quant10 $ irf)
q11 <- colMeans( quant11 $ irf)
q12 <- colMeans( quant12 $ irf)
q13 <- colMeans( quant13 $ irf)
q14 <- colMeans( quant14 $ irf)
q15 <- colMeans( quant15 $ irf)
q16 <- colMeans( quant16 $ irf)

quantity <- cbind( q1 , q2 , q3 , q4 , q5 , q6 , q7 , q8 , q9 , q10 , q11 , q12 , q13 , q14 ,
q15 , q16 )

write. xlsx( quantity , "quantity2. xlsx")
```

z < − quantity

persp(x , y , z , theta = 0 , phi = 90 , col = "darkgrey", scale = FALSE, shade = 0. 5 , box = TRUE , ticktype = "detailed", xlab = "Period", ylab = "Year", zlab = "Impulse Response")

jpeg(file = "quantity2. jpeg")

dev. off( )

#对财政政策的响应#

fisc1 < − impulse. responses(equp2 , 4 , 1 , t = 12 , nhor = 100 , scenario = 2)
fisc2 < − impulse. responses(equp2 , 4 , 1 , t = 24 , nhor = 100 , scenario = 2)
fisc3 < − impulse. responses(equp2 , 4 , 1 , t = 36 , nhor = 100 , scenario = 2)
fisc4 < − impulse. responses(equp2 , 4 , 1 , t = 48 , nhor = 100 , scenario = 2)
fisc5 < − impulse. responses(equp2 , 4 , 1 , t = 60 , nhor = 100 , scenario = 2)
fisc6 < − impulse. responses(equp2 , 4 , 1 , t = 72 , nhor = 100 , scenario = 2)
fisc7 < − impulse. responses(equp2 , 4 , 1 , t = 84 , nhor = 100 , scenario = 2)
fisc8 < − impulse. responses(equp2 , 4 , 1 , t = 96 , nhor = 100 , scenario = 2)
fisc9 < − impulse. responses(equp2 , 4 , 1 , t = 108 , nhor = 100 , scenario = 2)
fisc10 < − impulse. responses(equp2 , 4 , 1 , t = 120 , nhor = 100 , scenario = 2)
fisc11 < − impulse. responses(equp2 , 4 , 1 , t = 132 , nhor = 100 , scenario = 2)
fisc12 < − impulse. responses(equp2 , 4 , 1 , t = 144 , nhor = 100 , scenario = 2)
fisc13 < − impulse. responses(equp2 , 4 , 1 , t = 156 , nhor = 100 , scenario = 2)
fisc14 < − impulse. responses(equp2 , 4 , 1 , t = 168 , nhor = 100 , scenario = 2)
fisc15 < − impulse. responses(equp2 , 4 , 1 , t = 180 , nhor = 100 , scenario = 2)
fisc16 < − impulse. responses(equp2 , 4 , 1 , t = 192 , nhor = 100 , scenario = 2)

f1 < − colMeans(fisc1 $ irf)
f2 < − colMeans(fisc2 $ irf)
f3 < − colMeans(fisc3 $ irf)

```
f4 <- colMeans( fisc4 $ irf )

f5 <- colMeans( fisc5 $ irf )

f6 <- colMeans( fisc6 $ irf )

f7 <- colMeans( fisc7 $ irf )

f8 <- colMeans( fisc8 $ irf )

f9 <- colMeans( fisc9 $ irf )

f10 <- colMeans( fisc10 $ irf )

f11 <- colMeans( fisc11 $ irf )

f12 <- colMeans( fisc12 $ irf )

f13 <- colMeans( fisc13 $ irf )

f14 <- colMeans( fisc14 $ irf )

f15 <- colMeans( fisc15 $ irf )

f16 <- colMeans( fisc16 $ irf )


fiscal <- cbind( f1, f2, f3, f4, f5, f6, f7, f8, f9, f10, f11, f12, f13, f14, f15, f16 )


write. xlsx( fiscal, "fiscal2. xlsx")


z <- fiscal


persp( x, y, z, theta = 0, phi = 90, col = "darkgrey", scale = FALSE, shade = 0. 5,
box = TRUE, ticktype = "detailed", xlab = "Period", ylab = "Year", zlab = "Impulse Re-
sponse")


jpeg( file = "fiscal2. jpeg")


dev. off( )


library( bvarsv)

library( xlsx)

#导入数据,转换为矩阵形式( as. matrix)    ##
```

```
redata <- as. matrix( realecon[ ,2 :5 ] )
#实体经济#


equp3 <- bvar. sv. tvp( redata, p = 2, tau = 46, nf = 1, nrep = 10000, nburn =
6000, itprint = 4000 )


#对价格型货币政策的响应#


PIR1 <- impulse. responses( equp3 ,2 ,1 , t = 12 , nhor = 100 , scenario = 2 )
PIR2 <- impulse. responses( equp3 ,2 ,1 , t = 24 , nhor = 100 , scenario = 2 )
PIR3 <- impulse. responses( equp3 ,2 ,1 , t = 36 , nhor = 100 , scenario = 2 )
PIR4 <- impulse. responses( equp3 ,2 ,1 , t = 48 , nhor = 100 , scenario = 2 )
PIR5 <- impulse. responses( equp3 ,2 ,1 , t = 60 , nhor = 100 , scenario = 2 )
PIR6 <- impulse. responses( equp3 ,2 ,1 , t = 72 , nhor = 100 , scenario = 2 )
PIR7 <- impulse. responses( equp3 ,2 ,1 , t = 84 , nhor = 100 , scenario = 2 )
PIR8 <- impulse. responses( equp3 ,2 ,1 , t = 96 , nhor = 100 , scenario = 2 )
PIR9 <- impulse. responses( equp3 ,2 ,1 , t = 108 , nhor = 100 , scenario = 2 )
PIR10 <- impulse. responses( equp3 ,2 ,1 , t = 120 , nhor = 100 , scenario = 2 )
PIR11 <- impulse. responses( equp3 ,2 ,1 , t = 132 , nhor = 100 , scenario = 2 )
PIR12 <- impulse. responses( equp3 ,2 ,1 , t = 144 , nhor = 100 , scenario = 2 )
PIR13 <- impulse. responses( equp3 ,2 ,1 , t = 156 , nhor = 100 , scenario = 2 )
PIR14 <- impulse. responses( equp3 ,2 ,1 , t = 168 , nhor = 100 , scenario = 2 )
PIR15 <- impulse. responses( equp3 ,2 ,1 , t = 180 , nhor = 100 , scenario = 2 )
PIR16 <- impulse. responses( equp3 ,2 ,1 , t = 192 , nhor = 100 , scenario = 2 )


p1 <- colMeans( PIR1 $ irf)
p2 <- colMeans( PIR2 $ irf)
p3 <- colMeans( PIR3 $ irf)
p4 <- colMeans( PIR4 $ irf)
p5 <- colMeans( PIR5 $ irf)
p6 <- colMeans( PIR6 $ irf)
p7 <- colMeans( PIR7 $ irf)
```

```
p8 <- colMeans( PIR8 $ irf)

p9 <- colMeans( PIR9 $ irf)

p10 <- colMeans( PIR10 $ irf)

p11 <- colMeans( PIR11 $ irf)

p12 <- colMeans( PIR12 $ irf)

p13 <- colMeans( PIR13 $ irf)

p14 <- colMeans( PIR14 $ irf)

p15 <- colMeans( PIR15 $ irf)

p16 <- colMeans( PIR16 $ irf)


price <- cbind( p1, p2, p3, p4, p5, p6, p7, p8, p9, p10, p11, p12, p13, p14,
p15, p16)


write. xlsx( price, "price3. xlsx")


z <- price


persp( x, y, z, theta = 0, phi = 90, col = "darkgrey", scale = FALSE, shade = 0. 5,
box = TRUE, ticktype = "detailed", xlab = "Period", ylab = "Year", zlab = "Impulse Re-
sponse")


jpeg( file = "price3. jpeg")


dev. off( )


#对数量型货币政策的响应#


quant1 <- impulse. responses( equp3, 3, 1, t = 12, nhor = 100, scenario = 2)

quant2 <- impulse. responses( equp3, 3, 1, t = 24, nhor = 100, scenario = 2)

quant3 <- impulse. responses( equp3, 3, 1, t = 36, nhor = 100, scenario = 2)

quant4 <- impulse. responses( equp3, 3, 1, t = 48, nhor = 100, scenario = 2)

quant5 <- impulse. responses( equp3, 3, 1, t = 60, nhor = 100, scenario = 2)
```

```
quant6 <- impulse. responses( equp3 ,3 ,1 ,t = 72 ,nhor = 100 ,scenario = 2 )
quant7 <- impulse. responses( equp3 ,3 ,1 ,t = 84 ,nhor = 100 ,scenario = 2 )
quant8 <- impulse. responses( equp3 ,3 ,1 ,t = 96 ,nhor = 100 ,scenario = 2 )
quant9 <- impulse. responses( equp3 ,3 ,1 ,t = 108 ,nhor = 100 ,scenario = 2 )
quant10 <- impulse. responses( equp3 ,3 ,1 ,t = 120 ,nhor = 100 ,scenario = 2 )
quant11 <- impulse. responses( equp3 ,3 ,1 ,t = 132 ,nhor = 100 ,scenario = 2 )
quant12 <- impulse. responses( equp3 ,3 ,1 ,t = 144 ,nhor = 100 ,scenario = 2 )
quant13 <- impulse. responses( equp3 ,3 ,1 ,t = 156 ,nhor = 100 ,scenario = 2 )
quant14 <- impulse. responses( equp3 ,3 ,1 ,t = 168 ,nhor = 100 ,scenario = 2 )
quant15 <- impulse. responses( equp3 ,3 ,1 ,t = 180 ,nhor = 100 ,scenario = 2 )
quant16 <- impulse. responses( equp3 ,3 ,1 ,t = 192 ,nhor = 100 ,scenario = 2 )


q1 <- colMeans( quant1 $ irf )
q2 <- colMeans( quant2 $ irf )
q3 <- colMeans( quant3 $ irf )
q4 <- colMeans( quant4 $ irf )
q5 <- colMeans( quant5 $ irf )
q6 <- colMeans( quant6 $ irf )
q7 <- colMeans( quant7 $ irf )
q8 <- colMeans( quant8 $ irf )
q9 <- colMeans( quant9 $ irf )
q10 <- colMeans( quant10 $ irf )
q11 <- colMeans( quant11 $ irf )
q12 <- colMeans( quant12 $ irf )
q13 <- colMeans( quant13 $ irf )
q14 <- colMeans( quant14 $ irf )
q15 <- colMeans( quant15 $ irf )
q16 <- colMeans( quant16 $ irf )


quantity <- cbind( q1 ,q2 ,q3 ,q4 ,q5 ,q6 ,q7 ,q8 ,q9 ,q10 ,q11 ,q12 ,q13 ,q14 ,
q15 ,q16 )
```

write. xlsx(quantity , "quantity3. xlsx")

z < – quantity

persp(x , y , z , theta = 0 , phi = 90 , col = "darkgrey", scale = FALSE, shade = 0. 5 , box = TRUE , ticktype = "detailed", xlab = "Period", ylab = "Year", zlab = "Impulse Response")

jpeg(file = "quantity3. jpeg")

dev. off( )

#对财政政策的响应#

fisc1 < – impulse. responses(equp3 , 4 , 1 , t = 12 , nhor = 100 , scenario = 2)
fisc2 < – impulse. responses(equp3 , 4 , 1 , t = 24 , nhor = 100 , scenario = 2)
fisc3 < – impulse. responses(equp3 , 4 , 1 , t = 36 , nhor = 100 , scenario = 2)
fisc4 < – impulse. responses(equp3 , 4 , 1 , t = 48 , nhor = 100 , scenario = 2)
fisc5 < – impulse. responses(equp3 , 4 , 1 , t = 60 , nhor = 100 , scenario = 2)
fisc6 < – impulse. responses(equp3 , 4 , 1 , t = 72 , nhor = 100 , scenario = 2)
fisc7 < – impulse. responses(equp3 , 4 , 1 , t = 84 , nhor = 100 , scenario = 2)
fisc8 < – impulse. responses(equp3 , 4 , 1 , t = 96 , nhor = 100 , scenario = 2)
fisc9 < – impulse. responses(equp3 , 4 , 1 , t = 108 , nhor = 100 , scenario = 2)
fisc10 < – impulse. responses(equp3 , 4 , 1 , t = 120 , nhor = 100 , scenario = 2)
fisc11 < – impulse. responses(equp3 , 4 , 1 , t = 132 , nhor = 100 , scenario = 2)
fisc12 < – impulse. responses(equp3 , 4 , 1 , t = 144 , nhor = 100 , scenario = 2)
fisc13 < – impulse. responses(equp3 , 4 , 1 , t = 156 , nhor = 100 , scenario = 2)
fisc14 < – impulse. responses(equp3 , 4 , 1 , t = 168 , nhor = 100 , scenario = 2)
fisc15 < – impulse. responses(equp3 , 4 , 1 , t = 180 , nhor = 100 , scenario = 2)
fisc16 < – impulse. responses(equp3 , 4 , 1 , t = 192 , nhor = 100 , scenario = 2)

f1 < – colMeans(fisc1 $ irf)

```
f2 <- colMeans( fisc2 $ irf)
f3 <- colMeans( fisc3 $ irf)
f4 <- colMeans( fisc4 $ irf)
f5 <- colMeans( fisc5 $ irf)
f6 <- colMeans( fisc6 $ irf)
f7 <- colMeans( fisc7 $ irf)
f8 <- colMeans( fisc8 $ irf)
f9 <- colMeans( fisc9 $ irf)
f10 <- colMeans( fisc10 $ irf)
f11 <- colMeans( fisc11 $ irf)
f12 <- colMeans( fisc12 $ irf)
f13 <- colMeans( fisc13 $ irf)
f14 <- colMeans( fisc14 $ irf)
f15 <- colMeans( fisc15 $ irf)
f16 <- colMeans( fisc16 $ irf)


fiscal <- cbind( f1 , f2 , f3 , f4 , f5 , f6 , f7 , f8 , f9 , f10 , f11 , f12 , f13 , f14 , f15 , f16 )


write. xlsx( fiscal , "fiscal3. xlsx")


z <- fiscal


persp( x , y , z , theta = 0 , phi = 90 , col = "darkgrey", scale = FALSE, shade = 0. 5 ,
box = TRUE, ticktype = "detailed", xlab = "Period", ylab = "Year", zlab = "Impulse Re-
sponse")


jpeg( file = "fiscal3. jpeg")


dev. off( )
```

附录五：第 4 章与第 5 章指数数据与主要指标数据展示

Date\Index	Output	GDP (monthly)	IP	Inflation	CPI	PPI	Price Rule	SHIBOR7d	MLLIR	Quantity Rule	M1	M2
Jan－00	0.562168272	0.951537098	－0.244445694	－2.83818	－1.22599	－0.34674	－1.80383		－0.40413	0.36959	0.193768	0.127088
Feb－00	0.545974457	0.953241881	－0.244445694	－1.90319	－0.77252	－0.1122	－1.80383		－0.40413	0.205847	0.153041	0.107402
Mar－00	0.545397308	0.965895568	0.09521857	－2.65028	－1.22599	0.098158	－1.80383		－0.40413	0.265378	0.186694	0.110308
Apr－00	0.544820161	0.98124674	－0.021907038	－2.72392	－1.27637	0.272248	－1.80383		－0.40413	0.313716	0.217224	0.116252
May－00	0.544243014	0.996718215	0.001518084	－2.328	－1.07483	0.250487	－1.80383		－0.40413	0.303044	0.223298	0.107592
Jun－00	0.543665867	1.009732803	0.165493936	－1.8295	－0.87329	0.359294	－1.80383		－0.40413	0.314753	0.237041	0.117847
Jul－00	0.54308827	1.017713318	0.306044666	－1.56768	－0.87329	0.734072	－1.80383		－0.40413	0.295668	0.226003	0.114696
Aug－00	0.542511573	1.018082574	0.306044666	－1.90593	－0.97406	0.593833	－1.80383		－0.40413	0.290736	0.219239	0.113858
Sep－00	0.541934426	1.008263383	0.118643692	－2.16628	－1.12521	0.540638	－1.80383		－0.40413	0.263999	0.207637	0.115343
Oct－00	0.541357279	0.985678558	－0.021907038	－2.22271	－1.12521	0.516459	－1.80383		－0.40413	0.233768	0.181896	0.104364
Nov－00	0.540780132	0.947750913	－0.209308011	－1.01449	－0.4702	0.49228	－1.80383		－0.40413	0.224841	0.171028	0.10577
Dec－00	0.540202985	0.89190326	－0.256158255	－0.83225	－0.36943	0.323025	－1.80383		－0.40413	0.218785	0.159474	0.12623
Jan－01	0.561478107	0.947281429	－0.197595451	－1.32525	－0.52563	－0.00823	－1.80383		－0.40413	0.217009	0.168265	0.141103
Feb－01	0.439075359	0.780952658	－0.197595451	－2.64741	－1.12521	－0.13638	－1.80383		－0.40413	0.209595	0.163801	0.125986
Mar－01	0.221277058	0.573768686	0.142068814	－1.87501	－0.72213	－0.3008	－1.80383		－0.40413	0.232467	0.174384	0.137173
Apr－01	－0.00880899	0.448725954	0.001518084	－1.04975	－0.31905	－0.38301	－1.80383		－0.40413	0.207035	0.14988	0.132931
May－01	0.175381997	0.31271786	－0.303008498	－0.96852	－0.26866	－0.40235	－1.80383		－0.40413	0.189228	0.130194	0.125646

附　录

续表

Date\Index	Output	GDP (monthly)	IP	Inflation	CPI	PPI	Price Rule	SHIBOR7d	MLLIR	Quantity Rule	M1	M2
Jun－01	0.142613681	0.181470012	−0.32643362	−1.34788	−0.41982	−0.4894	−1.80383		−0.40413	0.212228	0.149153	0.139764
Jul－01	0.079924622	0.072198728	−0.794936054	−1.39231	−0.36943	−0.66107	−1.80383		−0.40413	0.185716	0.119233	0.127896
Aug－01	−0.364171588	−0.031279064	−0.794936054	−2.16363	−0.62136	−0.83516	−1.80383		−0.40413	0.211446	0.141628	0.144136
Sep－01	−0.371067998	−0.109889647	−0.4669435	−3.07599	−1.1756	−1.05519	−1.80383		−0.40413	0.229012	0.122629	0.182856
Oct－01	−0.606105574	−0.215562894	−0.630960202	−2.76797	−1.02444	−1.10355	−1.80383		−0.40413	0.197986	0.123358	0.146941
Nov－01	−0.521849478	−0.295913649	−0.841786297	−3.46282	−1.27637	−1.25346	−1.80383		−0.40413	0.221793	0.114046	0.195526
Dec－01	0.049432815	−0.379336342	−0.654385323	−3.55453	−1.27637	−1.31391	−1.80383		−0.40413	0.206696	0.126525	0.153984
Jan－02	−0.05216	−0.40519	−0.1976	−4.17866	−1.62907	−1.32116	−1.18605		−0.40413	0.15947	0.113425	0.163373
Feb－02	0.220081	−0.42648	−0.1976	−3.17537	−1.12521	−1.34534	−1.19		−0.40413	0.25024	0.128973	0.184481
Mar－02	−0.56498	−0.44063	−0.13903	−4.41173	−1.5283	−1.31633	−1.2423		−0.40413	0.228964	0.121477	0.185413
Apr－02	0.084986	−0.42538	0.142069	−4.8369	−1.78023	−1.09388	−1.26179		−0.40413	0.234466	0.135196	0.178859
May－02	0.52352	−0.41192	0.32947	−4.47296	−1.67946	−0.98991	−1.29227		−0.40413	0.268266	0.165665	0.197123
Jun－02	1.204972	−0.40767	0.212344	−3.97964	−1.5283	−0.95364	−1.30424		−0.40413	0.241388	0.144188	0.183132
Jul－02	1.444814	−0.35523	0.306045	−4.16587	−1.57868	−0.91979	−1.29403		−0.40413	0.286141	0.186637	0.207362
Aug－02	1.763378	−0.31137	0.28262	−3.89051	−1.47791	−0.7723	−1.19695		−0.08512	0.26375	0.16235	0.192902
Sep－02	2.138247	−0.23887	0.540296	−3.74589	−1.47791	−0.68767	−1.18183		−0.08512	0.239863	0.175565	0.15434
Oct－02	2.048945	−0.22928	0.633996	−3.83667	−1.5283	−0.60304	−1.15349		−0.08512	0.295021	0.195775	0.200996
Nov－02	1.91624	−0.1905	0.704272	−3.62241	−1.47791	−0.45313	−1.16134		−0.08512	0.270715	0.201728	0.155301
Dec－02	1.66969	−0.19065	0.797972	−2.6349	−1.32676	−0.25486	−1.15861		−0.08512	0.284181	0.183904	0.198566

续表

Date \Index	Output	GDP (monthly)	IP	Inflation	CPI	PPI	Price Rule	SHIBOR7d	M1LIR	Quantity Rule	M1	M2
Jan – 03	1.89031	– 0.07121	1.360175	– 1.70954	– 0.92871	0.221472	– 1.19878		– 0.08512	0.37661	0.195268	0.196796
Feb – 03	1.409047	0.012665	1.360175	– 2.00317	– 1.02444	0.605922	– 1.2439		– 0.08512	0.265677	0.188285	0.183822
Mar – 03	2.116579	0.155383	1.266475	– 0.8407	– 0.66167	0.758252	– 1.20971		– 0.08512	0.287651	0.20115	0.188117
Apr – 03	1.648483	0.131984	0.797972	– 1.32008	– 0.6012	0.521295	– 1.17885		– 0.08512	0.278041	0.179609	0.194391
May – 03	1.182341	0.166911	0.516871	– 1.87626	– 0.79267	0.119919	– 1.17		– 0.08512	0.301274	0.188263	0.2042
Jun – 03	0.335589	– 0.19505	1.266475	– 2.2618	– 0.9539	– 0.02999	– 1.14007		– 0.08512	0.313294	0.202374	0.209701
Jul – 03	0.273853	0.244148	1.172774	– 2.05159	– 0.86321	– 0.0179	– 1.11373		– 0.08512	0.314585	0.199479	0.208476
Aug – 03	0.340681	0.28396	1.313325	– 1.59419	– 0.66671	– 0.02032	– 1.08663		– 0.08512	0.307335	0.187512	0.216694
Sep – 03	0.285258	0.283848	1.125924	– 1.4123	– 0.56593	– 0.02274	– 1.05481		– 0.08512	0.303876	0.185087	0.20745
Oct – 03	0.447488	0.40367	1.33675	– 0.57115	– 0.21324	– 0.06384	– 1.03344		– 0.08512	0.318627	0.196221	0.210617
Nov – 03	0.496424	0.48048	1.500726	0.775088	0.361159	0.110247	– 1.03719		– 0.08512	0.304125	0.188577	0.204138
Dec – 03	0.593506	0.564165	1.547576	1.394301	0.482085	0.368965	– 1.06223		– 0.08512	0.305839	0.186741	0.196346
Jan – 04	0.782740287	0.627552837	0.868247586	1.283301	0.472008	0.485026	– 1.04532		– 0.08512	0.237155	0.157443	0.19153
Feb – 04	1.072959464	0.698678191	0.868247586	0.182113	– 0.07216	0.501951	– 1.03827		– 0.08512	0.300355	0.197821	0.204869
Mar – 04	1.09120507	0.75062437	1.852102697	1.344021	0.406506	0.610758	– 0.98498		0.233894	0.309996	0.201239	0.201326
Apr – 04	0.842949258	0.85130011	1.7818273332	2.299514	0.789437	0.857386	– 0.93392		0.233894	0.315391	0.200249	0.201314
May – 04	0.690027653	0.930339436	1.407025385	3.009552	1.076634	1.024223	– 0.61315		0.233894	0.288264	0.192396	0.1872
Jun – 04	0.7433998	1.403473494	1.102498803	3.786674	1.378947	1.193478	– 0.56548		0.233894	0.269593	0.167321	0.174105
Jul – 04	0.44574235	1.061934531	0.938522951	4.139403	1.530104	1.188642	– 0.53092		0.233894	0.225029	0.139552	0.149042

续表

Date\Index	Output	GDP (monthly)	IP	Inflation	CPI	PPI	Price Rule	SHIBOR7d	MLLIR	Quantity Rule	M1	M2
Aug－04	0.43458437	1.116610285	1.032223438	4.194677	1.520027	1.292613	−0.40496			0.241139	0.156971	0.14872
Sep－04	0.391598498	1.223396285	1.079073681	4.261911	1.489796	1.556167	−0.42741		0.659245	0.240847	0.142424	0.151908
Oct－04	0.544491734	1.151070658	0.985373195	3.305808	1.026249	1.684317	−0.45339		0.659245	0.220176	0.130995	0.146983
Nov－04	0.664737299	1.133500333	0.774547099	1.729667	0.310774	1.604526	−0.43426		0.659245	0.228989	0.14319	0.152906
Dec－04	0.224655244	1.116033539	0.680846613	1.045712	0.094116	1.355479	−0.46663		0.659245	0.224409	0.140896	0.155003
Jan－05	0.485128264	1.079250323	0.64570893	0.287388	−0.16285	1.050821	−0.50158		0.659245	0.223685	0.158379	0.144852
Feb－05	0.621852445	1.041543082	0.64570893	2.320998	0.865015	0.94685	−0.48089		0.659245	0.225413	0.110806	0.142288
Mar－05	0.08190394	1.009254904	0.844822464	1.00519	0.230157	1.009716	−0.56217		0.659245	0.201319	0.104033	0.14217
Apr－05	−0.033473576	0.960469452	1.05564856	0.154034	−0.20316	1.043567	−0.57553		0.978258	0.196831	0.10502	0.142812
May－05	−0.029278449	0.916239186	1.19619929	0.106529	−0.23843	1.072582	−0.6276		0.978258	0.199782	0.103959	0.146473
Jun－05	0.238040354	0.858853817	1.243049533	−0.14757	−0.31905	0.912999	−0.70042		0.978258	0.213109	0.11254	0.156685
Jul－05	0.3710524	0.857648991	1.079073681	0.102313	−0.21827	0.900909	−0.73836		1.190933	0.242607	0.125532	0.179371
Aug－05	0.552452468	0.841849608	1.05564856	−0.43395	−0.49036	0.917835	−0.78177		1.190933	0.223635	0.115033	0.173358
Sep－05	0.510011008	0.797941713	1.172774168	−0.99092	−0.68182	0.734072	−0.81379		1.190933	0.223541	0.116377	0.1792
Oct－05	0.264288559	0.853182727	1.079073681	−0.76188	−0.51051	0.615594	−0.77721		1.509946	0.231618	0.120839	0.179911
Nov－05	0.136006593	0.879865427	1.19619929	−0.78816	−0.46516	0.42216	−0.70706		1.509946	0.244401	0.127059	0.182955
Dec－05	0.583003276	0.935661112	1.172774168	−0.54445	−0.3392	0.424578	−0.59223		1.722622	0.242392	0.117825	0.179883
Jan－06	0.354533685	0.925579704	1.137636485	−0.14454	−0.17293	0.383473	−0.62556		1.722622	0.285318	0.104777	0.177965
Feb－06	0.169271778	0.944599118	1.137636485	−1.16574	−0.6919	0.373801	−0.58769		2.041635	0.222541	0.124356	0.174119

续表

Date\Index	Output	GDP (monthly)	IP	Inflation	CPI	PPI	Price Rule	SHIBOR7d	MLLIR	Quantity Rule	M1	M2
Mar - 06	0.556138194	0.943163734	1.47730075	- 1.28955	- 0.72213	0.248069	- 0.56171		2.041635	0.236392	0.126594	0.173483
Apr - 06	0.922398358	1.011619606	1.19619929	- 0.95302	- 0.51555	0.098158	- 0.52088		2.041635	0.241159	0.124695	0.174947
May - 06	1.246057882	1.05909829	1.500725872	- 0.61803	- 0.42989	0.233562	- 0.53683		2.041635	0.257685	0.140051	0.176308
Jun - 06	1.030309024	1.146368437	1.875527819	- 0.24697	- 0.36439	0.497116	- 0.41213		2.147973	0.252653	0.13936	0.170316
Jul - 06	1.175921096	1.133200046	1.219624411	- 0.76334	- 0.60624	0.511623	- 0.34711		2.147973	0.258832	0.153356	0.169856
Aug - 06	0.986907287	1.159105405	0.985373195	- 0.47261	- 0.46013	0.4681	- 0.32004		2.147973	0.263171	0.155648	0.165657
Sep - 06	0.959455808	1.154560016	1.079073681	- 0.23912	- 0.36439	0.48019	- 0.36159		2.147973	0.267735	0.156988	0.154562
Oct - 06	1.264158035	1.249498934	0.751121978	- 0.43871	- 0.41478	0.347204	0.580894	- 0.53601	2.147973	0.263889	0.16322	0.157013
Nov - 06	1.498883146	1.312296423	0.797972221	- 0.03393	- 0.17797	0.318189	0.862433	0.312117	2.147973	0.267138	0.16825	0.154451
Dec - 06	1.624966861	1.319800498	0.751121978	0.983955	0.29062	0.383473	0.509487	- 0.7997	2.147973	0.265976	0.174774	0.156725
Jan - 07	2.1707865	1.481989233	0.631262462	0.270549	- 0.03185	0.443921	0.362758	- 1.28017	2.147973	0.191732	0.197979	0.157877
Feb - 07	2.228230013	1.590162933	0.631262462	0.669107	0.240234	0.274666	0.731704	- 0.0879	2.147973	0.363903	0.209866	0.1778
Mar - 07	1.866168875	1.742962725	1.430450507	1.282251	0.527432	0.286756	0.412191	- 1.26589	2.147973	0.310447	0.198096	0.172675
Apr - 07	2.041092641	1.743322817	1.383600263	1.037617	0.401468	0.33995	0.839072	0.054432	1.935297	0.302679	0.200107	0.170939
May - 07	2.121094035	1.789813068	1.547576115	1.368396	0.582856	0.313353	0.722722	- 0.4267	1.935297	0.289735	0.192792	0.167372
Jun - 07	2.298201002	1.803668099	1.852102697	2.318951	1.071596	0.248069	0.893511	- 0.19596	1.935297	0.304851	0.209227	0.170642
Jul - 07	2.059350794	1.870107812	1.524150993	3.651041	1.706454	0.22389	0.848377	- 0.2027	1.297271	0.316218	0.209354	0.184791
Aug - 07	2.412078249	1.905356758	1.407025385	4.613836	2.159924	0.264995	0.704921	- 0.69647	1.297271	0.324783	0.227675	0.180915
Sep - 07	2.670637133	1.955248462	1.734977088	4.353453	2.018844	0.301264	1.135179	1.451857	0.021218	0.312401	0.220671	0.184513

续表

Date\Index	Output	GDP (monthly)	IP	Inflation	CPI	PPI	Price Rule	SHIBOR7d	MLLIR	Quantity Rule	M1	M2
Oct－07	2.605092857	1.915925064	1.500725872	4.76217	2.149846	0.42216	1.038504	0.860132	0.021218	0.315529	0.222114	0.184696
Nov－07	2.180419138	1.892652016	1.360175141	5.549157	2.371543	0.746162	0.782524	－0.09429	－0.19146	0.312789	0.216736	0.184453
Dec－07	1.564877235	1.897101574	1.383600263	5.288909	2.154885	0.958939	0.927475	0.242946	－0.19146	0.290604	0.2102	0.167324
Jan－08	1.431263	1.771367	1.053201	6.010445	2.442083	1.113687	0.861457	0.117664	－0.19146	0.39933	0.205384	0.188756
Feb－08	0.974223	1.672951	1.053201	7.933024	3.278483	1.246673	0.845517	0.162824	－0.19146	0.250963	0.189452	0.173922
Mar－08	1.096552	1.508885	1.477301	7.713671	3.061825	1.568257	0.654359	－0.39456	－0.19146	0.264248	0.179746	0.161904
Apr－08	0.546013	1.486663	0.985373	8.008091	3.14748	1.609361	0.803377	0.17793	－0.19146	0.271305	0.188102	0.168753
May－08	0.506275	1.400259	1.055649	7.193759	2.76455	1.633541	0.913408	0.484613	－0.19146	0.282707	0.177078	0.179876
Jun－08	－0.11137	1.354641	1.055649	6.739531	2.442083	1.783452	1.005315	0.529124	－0.19146	0.252895	0.139662	0.172852
Jul－08	－0.06907	1.157203	0.751122	6.228693	2.049075	2.071185	0.920169	0.218245	－0.19146	0.245609	0.137664	0.16275
Aug－08	－0.82572	1.003408	0.306045	4.758676	1.343678	2.078439	0.975431	0.38064	－0.19146	0.221242	0.112748	0.159196
Sep－08	－1.29162	0.86887	－0.02191	4.271347	1.212675	1.853572	0.887631	0.303082	－0.19146	0.196374	0.092273	0.152124
Oct－08	－1.52525	0.666067	－0.77151	3.020168	0.875092	1.239419	0.672777	0.260156	－0.19146	0.198178	0.086727	0.149489
Nov－08	－1.39482	0.485301	－1.42741	0.385661	0.099155	0.127173	0.324821	－0.25963	－0.19146	0.176606	0.066325	0.147306
Dec－08	－1.41153	－0.20559	－1.35714	－1.67647	－0.52059	－0.62964	－0.45234	－1.45754	－0.19146	0.228831	0.089811	0.177901
Jan－09	－1.80788	0.154802	－0.31616	－2.44857	－0.64655	－1.164	－0.72518	－2.0465	－0.19146	0.21681	0.066776	0.187364
Feb－09	－1.60735	0.007232	－0.31616	－5.33945	－1.91123	－1.43481	－0.70299	－2.05767	－0.19146	0.231193	0.106352	0.203474
Mar－09	－1.30815	－1.24217	－0.74809	－5.25186	－1.71473	－1.80233	－0.73467	－2.0585	－0.19146	0.31403	0.170174	0.254275
Apr－09	－0.88794	－0.22704	－0.98234	－5.77719	－1.881	－1.94983	－0.73382	－2.06806	－0.19146	0.321604	0.174816	0.258942

续表

Date\Index	Output	GDP (monthly)	IP	Inflation	CPI	PPI	Price Rule	SHIBOR7d	MLLIR	Quantity Rule	M1	M2
May – 09	– 0.98246	– 0.31635	– 0.60754	– 5.7799	– 1.8155	– 2.0949	– 0.74525	– 2.05831	– 0.19146	0.327513	0.187035	0.256846
Jun – 09	– 0.41913	– 1.05143	– 0.18588	– 6.24866	– 1.98177	– 2.23998	– 0.71243	– 1.98643	– 0.19146	0.381478	0.2475	0.283827
Jul – 09	– 0.00585	– 0.38439	– 0.16246	– 6.48746	– 2.03719	– 2.34153	– 0.42879	– 1.46241	– 0.19146	0.391933	0.263863	0.283941
Aug – 09	0.367077	– 0.37174	0.188919	– 5.7966	– 1.72984	– 2.25448	– 0.37694	– 1.50362	– 0.19146	0.400271	0.277296	0.284846
Sep – 09	0.622394	– 0.40632	0.563721	– 5.16136	– 1.52326	– 2.04412	– 0.3617	– 1.37784	– 0.19146	0.438467	0.295085	0.292575
Oct – 09	0.632766	– 0.24176	1.079074	– 4.58353	– 1.39226	– 1.76848	– 0.28827	– 1.44781	0.044849	0.445249	0.320313	0.294637
Nov – 09	0.566229	– 0.13082	1.805252	– 2.58547	– 0.84306	– 0.85692	– 0.31231	– 1.54237	0.044849	0.466579	0.346371	0.296439
Dec – 09	0.749652	0.5193	1.641277	– 0.37397	– 0.18804	0.057053	– 0.31848	– 1.49604	0.044849	0.434121	0.332268	0.284233
Jan – 10	0.851836	0.093953	0.642441	– 0.07208	– 0.35432	0.69055	– 0.24025	– 1.5035	0.352047	0.38971	0.389643	0.260965
Feb – 10	1.025842	0.204099	0.642441	1.378601	0.235196	0.949268	– 0.08619	– 1.10773	0.352047	0.479378	0.34991	0.255303
Mar – 10	0.710541	1.433581	1.547576	1.189531	0.068923	1.075	– 0.20502	– 1.32515	0.352047	0.398706	0.299402	0.224868
Apr – 10	0.512397	0.410678	1.477301	1.842852	0.29062	1.292613	– 0.13319	– 1.32481	0.623799	0.400155	0.312525	0.214772
May – 10	0.234812	0.50688	1.172774	2.204412	0.416584	1.369987	– 0.03808	– 1.08171	0.623799	0.386206	0.299256	0.209913
Jun – 10	0.186979	1.225016	0.516871	1.92804	0.361159	1.195896	0.301849	– 0.20121	0.623799	0.340923	0.245637	0.184571
Jul – 10	– 0.16227	0.666788	0.446595	1.996787	0.537509	0.816282	0.124942	– 0.90308	0.860105	0.324716	0.228572	0.176144
Aug – 10	0.025723	0.737292	0.563721	2.085427	0.628203	0.69055	0.059605	– 1.12061	0.860105	0.331759	0.219296	0.192142
Sep – 10	– 0.06125	0.830321	0.42317	2.17602	0.693704	0.692968	0.25211	– 0.51231	0.860105	0.312366	0.208786	0.189725
Oct – 10	0.258922	0.83201	0.37632	3.206353	1.076634	0.86464	0.173731	– 0.94677	0.860105	0.335623	0.220517	0.192849
Nov – 10	0.471294	0.860626	0.42317	4.226142	1.454526	1.111269	0.403725	– 0.90649	1.155487	0.335372	0.220841	0.194641

续表

Date\Index	Output	GDP (monthly)	IP	Inflation	CPI	PPI	Price Rule	SHIBOR7d	MLLIR	Quantity Rule	M1	M2
Dec – 10	0.060903	0.86	0.470021	3.651099	1.187482	1.079836	1.16501	1.149686	1.155487	0.32431	0.204004	0.189483
Jan – 11	0.509227	0.909969	0.688374	4.015766	1.348716	1.251508	1.624441	2.121466	1.155487	0.40836	0.140146	0.173072
Feb – 11	0.144027	0.933097	0.688374	4.269693	1.363832	1.394166	1.227949	0.899808	1.155487	0.242659	0.155665	0.157307
Mar – 11	0.711409	0.973214	0.774547	4.769544	1.585528	1.413509	0.788674	– 0.53889	1.155487	0.274264	0.160671	0.166449
Apr – 11	0.568767	0.932293	0.446595	4.698517	1.565374	1.295031	0.93914	– 0.04321	1.155487	0.254007	0.140469	0.153563
May – 11	0.535947	0.910074	0.42317	4.889919	1.651029	1.287777	1.288128	0.855051	1.155487	0.254783	0.138656	0.150837
Jun – 11	0.334252	0.888787	0.844822	5.881385	2.079307	1.367569	2.138804	3.183361	1.155487	0.25588	0.141668	0.158622
Jul – 11	0.446186	0.824662	0.587146	6.039259	2.124654	1.469122	2.012231	2.518168	1.155487	0.23774	0.124163	0.146683
Aug – 11	0.072712	0.761477	0.470021	5.682456	1.973497	1.399002	1.567251	1.122378	1.155487	0.229929	0.118904	0.135774
Sep – 11	– 0.13649	0.749119	0.540296	5.512565	1.933189	1.222493	1.673069	1.307463	1.155487	0.202546	0.095854	0.130565
Oct – 11	– 0.40998	0.557586	0.399745	4.509984	1.645991	0.854969	1.532868	1.118857	1.155487	0.218528	0.091742	0.167271
Nov – 11	– 0.48543	0.415997	0.212344	2.632717	1.001056	0.303681	1.292998	0.908824	0.860105	0.211925	0.084789	0.162113
Dec – 11	– 0.651	0.261326	0.306045	2.240357	0.925478	0.054635	1.254372	1.054814	0.860105	0.22901	0.087113	0.17323
Jan – 12	– 0.95821	0.13667	1.374173	2.471714	1.167328	– 0.17749	1.62283	2.119926	0.564722	0.136489	0.031499	0.166258
Feb – 12	– 0.10968	– 0.00357	1.374173	0.877505	0.466969	– 0.34674	1.340035	1.327925	0.564722	0.180387	0.042869	0.178013
Mar – 12	– 0.53933	– 0.16701	0.095219	1.290084	0.683627	– 0.43137	0.957385	0.26372	0.564722	0.192141	0.044103	0.181281
Apr – 12	– 0.77479	– 0.24945	– 0.51383	0.918016	0.572779	– 0.52325	1.197104	0.986749	0.564722	0.178826	0.030802	0.174574
May – 12	– 0.53812	– 0.35592	– 0.44356	0.330151	0.386352	– 0.6925	0.769364	0.061532	0.564722	0.181829	0.034783	0.178986
Jun – 12	– 0.479	– 0.44945	– 0.46698	– 0.76566	– 0.04192	– 0.85692	0.836004	0.229339	0.564722	0.19694	0.046834	0.184639

续表

Date\Index	Output	GDP (monthly)	IP	Inflation	CPI	PPI	Price Rule	SHIBOR7d	MLLIR	Quantity Rule	M1	M2
Jul－12	－0.83735	－0.54932	－0.53726	－1.35314	－0.21827	－1.04794	0.875335	0.615711	0.564722	0.195294	0.046369	0.189086
Aug－12	－0.80965	－0.63748	－0.60754	－1.18563	－0.1175	－1.19543	0.915957	0.62572	0.564722	0.19036	0.045156	0.184468
Sep－12	－0.63728	－0.78034	－0.53726	－1.27421	－0.16789	－1.21236	0.990366	0.627998	0.564722	0.23432	0.073337	0.198478
Oct－12	－0.55025	－0.73758	－0.44356	－1.268	－0.26866	－1.02134	0.908692	0.320579	0.564722	0.180098	0.060593	0.146389
Nov－12	－0.68872	－0.74945	－0.32643	－0.86303	－0.1175	－0.88594	0.868963	0.324801	0.564722	0.176787	0.05496	0.144566
Dec－12	－0.34972	－0.75444	－0.27958	－0.31107	0.134424	－0.82307	0.904315	0.425612	0.564722	0.166855	0.064919	0.143916
Jan－13	－0.14989	－0.76285	－0.39482	－0.69287	－0.1175	－0.75053	0.803755	0.202476	0.564722	0.211788	0.152654	0.159166
Feb－13	0.204224	－0.76216	－0.39482	0.514411	0.487123	－0.74812	0.956721	0.53662	0.564722	0.238746	0.095412	0.151561
Mar－13	－1.14739	－0.71199	－0.60754	－0.75248	－0.06712	－0.81824	0.843438	0.283341	0.564722	0.227852	0.118347	0.156653
Apr－13	－0.61213	－0.7957	－0.51383	－0.60379	0.084039	－0.98749	0.905839	0.509713	0.564722	0.225186	0.118787	0.160687
May－13	－0.70169	－0.82963	－0.53726	－0.94076	－0.06712	－1.04794	1.011825	0.690556	0.564722	0.221277	0.113215	0.157903
Jun－13	－0.85371	－0.90226	－0.60754	－0.27103	0.235196	－1.00683	2.407737	4.137905	0.564722	0.18985	0.090335	0.139907
Jul－13	－0.69935	－0.86282	－0.42013	－0.13782	0.235196	－0.90286	1.329062	1.290563	0.564722	0.195816	0.097162	0.144863
Aug－13	－0.55484	－0.86215	－0.25616	－0.16678	0.18481	－0.7457	1.348359	1.227537	0.564722	0.197936	0.099205	0.147435
Sep－13	－0.43473	－0.84738	－0.30301	0.368813	0.436738	－0.678	1.300596	0.907459	0.564722	0.169763	0.089063	0.141668
Oct－13	－0.43074	－0.87887	－0.27958	0.48069	0.487123	－0.7191	1.482404	1.444894	0.564722	0.182486	0.089324	0.142927
Nov－13	－0.37624	－0.89524	－0.34986	0.277052	0.386352	－0.69734	1.671685	1.650044	0.564722	0.183451	0.094108	0.142274
Dec－13	－0.20992	－0.86772	－0.42013	－0.24003	0.134424	－0.68283	1.889016	2.46114	0.564722	0.175804	0.092744	0.135889
Jan－14	－0.79102	－0.970365	－0.600993	－0.322944	0.134424	－0.750534	1.748143	1.901519	0.564722	0.203856	0.011798	0.132434

续表

Date\Index	Output	GDP (monthly)	IP	Inflation	CPI	PPI	Price Rule	SHIBOR7d	MLLIR	Quantity Rule	M1	M2
Feb – 14	– 1.525039	– 1.029793	– 0.600993	– 0.998858	– 0.117503	– 0.842415	1.444127	1.370541	0.564722	0.1405	0.069306	0.133347
Mar – 14	– 0.944057	– 1.138369	– 0.63096	– 0.610399	0.084039	– 0.910117	1.094991	0.327173	0.564722	0.132913	0.05399	0.120508
Apr – 14	– 0.870934	– 1.105383	– 0.654385	– 1.145857	– 0.218274	– 0.83758	1.218339	0.646721	0.564722	0.141603	0.054719	0.131965
May – 14	– 0.962053	– 1.122095	– 0.63096	– 0.286993	0.134424	– 0.704594	1.137268	0.370023	0.564722	0.150779	0.05685	0.134455
Jun – 14	– 0.841588	– 1.122673	– 0.53726	– 0.369586	0.033653	– 0.622384	1.068528	0.400918	0.09211	0.171296	0.089275	0.147177
Jul – 14	– 0.69662	– 1.167522	– 0.58411	– 0.361182	0.033653	– 0.564354	1.322451	0.959831	0.09211	0.150612	0.06681	0.134989
Aug – 14	– 0.517992	– 1.1956	– 1.076038	– 0.768102	– 0.117503	– 0.644146	1.216974	0.599445	0.09211	0.141777	0.05711	0.128379
Sep – 14	– 0.57511	– 1.20602	– 0.818361	– 1.32924	– 0.319045	– 0.789221	1.1414	0.355026	0.09211	0.121006	0.047673	0.115718
Oct – 14	– 0.702404	– 1.26243	– 0.888637	– 1.497715	– 0.319045	– 0.89561	0.984088	0.127819	0.09211	0.112322	0.031637	0.120528
Nov – 14	– 0.690803	– 1.301504	– 1.005762	– 1.748763	– 0.419817	– 1.004417	0.873503	0.281995	– 0.203272	0.110746	0.031686	0.11985
Dec – 14	– 0.224395	– 1.365527	– 0.841786	– 1.851691	– 0.369431	– 1.156746	1.210839	1.31887	– 0.203272	0.101512	0.031917	0.110119
Jan – 15	– 0.244873	– 1.350755	– 1.079964	– 2.844028	– 0.72213	– 1.398538	1.097547	1.137032	– 0.203272	0.03802	0.105459	0.106085
Feb – 15	– 0.495242	– 1.361163	– 1.079964	– 2.241842	– 0.419817	– 1.514599	1.188051	1.757025	– 0.498655	0.189033	0.056262	0.110995
Mar – 15	– 0.045685	– 1.368474	– 1.380564	– 2.219317	– 0.419817	– 1.456569	1.210328	1.655328	– 0.498655	0.109949	0.029073	0.098774
Apr – 15	0.030186	– 1.378788	– 1.310289	– 2.081736	– 0.369431	– 1.458987	0.613853	– 0.002719	– 0.794038	0.099704	0.036691	0.095795
May – 15	0.20646	– 1.385471	– 1.263438	– 2.340455	– 0.520588	– 1.468658	0.090869	– 0.8386	– 0.794038	0.101883	0.046505	0.105781
Jun – 15	0.477428	– 1.362937	– 1.099463	– 2.19146	– 0.419817	– 1.517017	– 0.011276	– 0.593238	– 0.794038	0.103357	0.042741	0.102339
Jul – 15	– 0.0621	– 1.416709	– 1.286864	– 2.08541	– 0.319045	– 1.652421	0.026766	– 0.349683	– 1.08942	0.136012	0.065716	0.133106

续表

Date\Index	Output	GDP (monthly)	IP	Inflation	CPI	PPI	Price Rule	SHIBOR7d	MLLIR	Quantity Rule	M1	M2
Aug – 15	– 0.336752	– 1.441486	– 1.263438	– 1.85334	– 0.117503	– 1.785407	0.06525	– 0.421889	– 1.08942	0.146697	0.092676	0.133118
Sep – 15	– 0.547908	– 1.473078	– 1.357139	– 2.269938	– 0.319045	– 1.790242	0.079366	– 0.508446	– 1.08942	0.167726	0.113675	0.131253
Oct – 15	– 0.430937	– 1.472217	– 1.380564	– 2.564546	– 0.470202	– 1.780571	– 0.018046	– 0.548876	– 1.384803	0.18648	0.140128	0.134906
Nov – 15	– 0.483589	– 1.478873	– 1.240013	– 2.368681	– 0.369431	– 1.780571	– 0.029235	– 0.639767	– 1.384803	0.194511	0.156676	0.136811
Dec – 15	– 0.614782	– 1.490753	– 1.310289	– 2.173362	– 0.319045	– 1.780571	– 0.047867	– 0.604907	– 1.384803	0.198217	0.151978	0.133431
Jan – 16	– 1.212111	– 1.471184	– 1.252671	– 1.9403	– 0.218274	– 1.635495	– 0.051923	– 0.58801	– 1.384803	0.274254	0.185505	0.139702
Feb – 16	– 1.301838	– 1.457286	– 1.252671	– 1.216585	0.033653	– 1.538778	– 0.06533	– 0.573636	– 1.384803	0.161234	0.17362	0.133005
Mar – 16	– 1.247419	– 1.441782	– 1.099463	– 1.092069	0.033653	– 1.393703	– 0.1375	– 0.627644	– 1.384803	0.236845	0.220547	0.133977
Apr – 16	– 1.443413	– 1.413902	– 1.286864	– 0.887945	0.033653	– 1.176089	– 0.111186	– 0.604472	– 1.384803	0.246916	0.229249	0.128383
May – 16	– 1.664606	– 1.385354	– 1.286864	– 1.208552	– 0.117503	– 1.031014	– 0.088131	– 0.59233	– 1.384803	0.246489	0.236573	0.118053
Jun – 16	– 1.915303	– 1.361946	– 1.240013	– 1.301038	– 0.167889	– 0.982655	– 0.071022	– 0.567881	– 1.384803	0.256674	0.2459	0.117834
Jul – 16	– 1.501833	– 1.311341	– 1.286864	– 1.208745	– 0.218274	– 0.765042	– 0.103027	– 0.591776	– 1.384803	0.252343	0.254338	0.102237
Aug – 16	– 1.460458	– 1.265982	– 1.216588	– 1.447388	– 0.470202	– 0.547429	– 0.132266	– 0.578174	– 1.384803	0.259503	0.252898	0.113549
Sep – 16	– 1.366504	– 1.235532	– 1.263438	– 0.556596	– 0.167889	– 0.329815	– 0.097396	– 0.513184	– 1.384803	0.252634	0.24676	0.115115
Oct – 16	– 1.335177	– 1.158596	– 1.263438	– 0.129622	– 0.067118	– 0.063843	– 0.095139	– 0.517175	– 1.384803	0.251451	0.238528	0.116431
Nov – 16	– 1.290077	– 1.095372	– 1.240013	0.54054	0.033653	0.443921	– 0.055875	– 0.486544	– 1.384803	0.244625	0.226479	0.113887
Dec – 16	– 1.253177	– 1.040843	– 1.286864	0.793973	– 0.067118	0.975865	0.114085	– 0.392802	– 1.384803	0.238886	0.213501	0.113331
Jan – 17	– 0.82014	– 0.976025	– 1.16761	1.605884	0.134424	1.314374	0.137337	– 0.392641	– 1.384803	0.259352	0.145003	0.118529

续表

Date\Index	Output	GDP (monthly)	IP	Inflation	CPI	PPI	Price Rule	SHIBOR7d	MLLIR	Quantity Rule	M1	M2
Feb – 17	– 0.757617	– 0.917964	– 1.16761	– 0.086806	– 0.72213	1.531988	0.268289	– 0.24052	– 1.384803	0.216583	0.214069	0.115988
Mar – 17	– 0.756411	– 0.813768	– 0.912062	– 0.084453	– 0.671744	1.483629	0.35743	– 0.171546	– 1.384803	0.212487	0.187542	0.111839
Apr – 17	– 0.881812	– 0.851712	– 1.169738	– 0.000565	– 0.520588	1.193478	0.424921	– 0.14931	– 1.384803	0.210384	0.185428	0.109817
May – 17	– 0.964911	– 0.844971	– 1.169738	0.213411	– 0.369431	0.975865	0.579262	– 0.002497	– 1.384803	0.20135	0.170039	0.101284
Jun – 17	– 0.943738	– 0.864969	– 0.912062	0.127037	– 0.369431	0.975865	0.617832	0.009322	– 1.384803	0.185342	0.150085	0.099971
Jul – 17	– 0.785219	– 0.824644	– 1.193163	– 0.090031	– 0.419817	0.975865	0.569288	– 0.062809	– 1.384803	0.182282	0.152506	0.097068
Aug – 17	– 0.650746	– 0.811678	– 1.286864	0.530829	– 0.218274	1.169299	0.615176	0.000345	– 1.384803	0.17467	0.139855	0.093955
Sep – 17	– 0.575468	– 0.784539	– 1.146313	0.442243	– 0.319045	1.314374	0.629818	– 0.025983	– 1.384803	0.180388	0.139813	0.097144
Oct – 17	– 0.713423	– 0.81149	– 1.240013	0.713735	– 0.167889	1.314374	0.621093	– 0.019552	– 1.384803	0.167836	0.130048	0.094087
Nov – 17	– 0.749622	– 0.821881	– 1.263438	0.352568	– 0.26866	1.048403	0.687284	– 0.034019	– 1.384803	0.164948	0.126544	0.097178
Dec – 17	– 0.656399	– 0.843315	– 1.240013	0.319608	– 0.218274	0.830789	0.719017	– 0.034175	– 1.384803	0.143632	0.117628	0.090427
Jan – 18	– 0.452792	– 0.85712	– 1.215236	– 0.171865	– 0.369431	0.685714	0.66087	– 0.062915	– 1.384803	0.071691	0.149665	0.086239
Feb – 18	– 0.561676	– 0.881298	– 1.215236	1.239773	0.335967	0.540638	0.642732	– 0.027243	– 1.384803	0.174153	0.085007	0.087563
Mar – 18	– 0.757814	– 0.911517	– 1.286864	0.204912	– 0.067118	0.395563	0.627928	– 0.016768	– 1.384803	0.123613	0.071138	0.082043
Apr – 18	– 0.888565	– 0.915937	– 1.052612	– 0.033413	– 0.218274	0.4681	0.584252	– 0.026455	– 1.384803	0.117487	0.071948	0.083399
May – 18	– 0.780652	– 0.931279	– 1.099463	0.086212	– 0.218274	0.637355	0.492886	– 0.103461	– 1.384803	0.105561	0.060209	0.082823
Jun – 18	– 0.746225	– 0.940895	– 1.286864	0.306749	– 0.167889	0.782431	0.546118	– 0.077587	– 1.384803	0.108573	0.066081	0.079708
Jul – 18	– 1.031382	– 0.969111	– 1.286864	0.563779	– 0.067118	0.758252	0.364636	– 0.233	– 1.384803	0.101539	0.051206	0.085468

Date\Index	Output	GDP (monthly)	IP	Inflation	CPI	PPI	Price Rule	SHIBOR7d	MLLIR	Quantity Rule	M1	M2
Aug - 18	-1.285374	-0.991306	-1.263438	0.741709	0.033653	0.637355	0.226024	-0.330397	-1.384803	0.090704	0.039008	0.08211
Sep - 18	-1.210936	-1.004458	-1.333714	0.883884	0.134424	0.516459	0.352171	-0.228663	-1.384803	0.085984	0.039993	0.082949
Oct - 18	-1.349598	-1.041344	-1.310289	0.929158	0.134424	0.443921	0.28764	-0.279393	-1.384803	0.079405	0.026905	0.08007
Nov - 18	-1.454164	-1.060965	-1.427414	0.329839	-0.016732	0.298846	0.247213	-0.267406	-1.384803	0.0724	0.014814	0.079813
Dec - 18	-2.035274	-1.084522	-1.357139	-0.387024	-0.167889	-0.136381	0.252702	-0.23935	-1.384803	0.076919	0.01452	0.080763
Jan - 19	-1.949529	-1.13477	-1.265176	-0.762997	-0.26866	-0.329815	0.11094	-0.301138	-1.384803	0.142745	0.004402	0.084333
Feb - 19	-1.672534	-1.186125	-1.265176	-0.993762	-0.369431	-0.329815	0.053209	-0.408222	-1.384803	0.048659	0.01964	0.080018
Mar - 19	-1.279161	-1.250971	-0.701236	0.016113	0.033653	-0.257277	0.142781	-0.298936	-1.384803	0.09618	0.04591	0.085957
Apr - 19	-0.970357	-1.214517	-1.427414	0.34165	0.134424	-0.136381	0.188423	-0.255809	-1.384803	0.08712	0.028865	0.084588
May - 19	-1.05804	-1.20931	-1.521115	0.504842	0.235196	-0.208919	0.17927	-0.29397	-1.384803	0.095008	0.034352	0.08496
Jun - 19	-1.192885	-1.175068	-1.216588	0.315174	0.235196	-0.353994	0.068909	-0.413964	-1.384803	0.100687	0.043665	0.085405
Jul - 19	-1.142873	-1.203437	-1.567965	0.355807	0.285581	-0.426532	0.106866	-0.37555	-1.384803	0.091175	0.030596	0.08063
Aug - 19	-1.044008	-1.20273	-1.661666	0.302228	0.285581	-0.547429	0.187865	-0.257965	-1.384803	0.095825	0.034317	0.082084
Sep - 19	-1.20625	-1.246583	-1.333714	0.409769	0.386352	-0.644146	0.153044	-0.246306	-1.384803	0.092701	0.034469	0.083581
Oct - 19	-0.989419	-1.147445	-1.59139	1.158179	0.789437	-0.740863	0.171225	-0.236781	-1.384803	0.095389	0.033354	0.083561
Nov - 19	-1.773945	-1.120892	-1.240013	2.078526	1.142135	-0.692504	0.132278	-0.314311	-1.384803	0.095965	0.034936	0.081765
Dec - 19	-0.858201	-1.010566	-1.076038	2.264719	1.142135	-0.474891	0.05899	-0.39745	-1.384803	0.108114	0.044072	0.087454

附录六：第 6 章指数数据与主要指标数据展示

Date\Index	资本市场指数	上证综合指数	A 股总市值	房地产市场指数	商品房销售额	国房景气指数	实体经济指数	GDP：实体	PMI
Jan – 00	0.255703	0.275567	0.459351	– 0.17821	0.354617	– 0.24427	– 0.15291	1.533331	
Feb – 00	0.650627	0.509405	0.744824	– 0.14472	0.357646	– 0.22025	0.341156	1.96778	
Mar – 00	0.530134	0.498639	0.742767	– 0.14279	0.4586	– 0.24619	– 0.08765	1.015085	
Apr – 00	0.481213	0.566159	0.83974	0.001675	0.4284	– 0.19636	0.275419	1.854459	
May – 00	0.401491	0.57293	0.870347	0.029996	0.3769	– 0.10457	0.239288	1.681747	
Jun – 00	0.082125	0.312476	0.575062	0.255735	0.4128	0.046962	0.006275	1.159906	
Jul – 00	0.076129	0.25713	0.49182	0.340234	0.3371	0.126906	0.274106	1.587198	
Aug – 00	0.132844	0.277666	0.513968	0.407777	0.6964	0.200415	0.158763	1.482799	
Sep – 00	0.038683	0.200092	0.42149	0.297469	0.3074	0.25763	0.042239	1.159704	
Oct – 00	0.183929	0.289807	0.528577	0.218123	0.2296	0.253792	0.15181	1.38862	
Nov – 00	0.333513	0.407899	0.637429	– 0.14493	0.443	0.254179	0.021041	1.216834	
Dec – 00	0.359365	0.46978	0.724607	0.147797	0.2691	0.250345	– 0.18396	0.991697	
Jan – 01	0.181977	0.427546	0.701242	0.472032	0.366555	0.291471	– 0.27514	1.285078	
Feb – 01	– 0.06421	0.176926	0.402245	0.377563	0.356564	0.238861	0.170931	1.325695	
Mar – 01	– 0.03345	0.182234	0.398251	0.267007	0.4394	0.42526	0.050106	1.310105	
Apr – 01	– 0.0261	0.17457	0.376265	0.358395	0.3809	0.493864	– 0.04288	1.238103	
May – 01	– 0.005	0.211379	0.399722	0.788288	0.4138	0.421722	– 0.02802	1.162857	

续表

Date\Index	资本市场指数	上证综合指数	A 股总市值	房地产市场指数	商品房销售额	国房景气指数	实体经济指数	GDP：实体	PMI
Jun – 01	– 0.07335	0.150395	0.32388	0.721796	0.2758	0.323303	– 0.07162	1.13079	
Jul – 01	– 0.16358	0.084548	0.237691	1.149659	0.4536	0.340004	– 0.13001	1.111108	
Aug – 01	– 0.26996	– 0.07605	0.124726	1.002446	0.2597	0.294232	– 0.18963	1.062246	
Sep – 01	– 0.25665	– 0.06309	0.150768	1.0755	0.2828	0.225077	– 0.19968	1.015755	
Oct – 01	– 0.31404	– 0.14133	0.03698	0.09982	0.1304	0.212704	– 0.1996	1.026742	
Nov – 01	– 0.36933	– 0.18481	– 0.02245	0.314172	0.0412	0.13696	– 0.15864	0.973464	
Dec – 01	– 0.36979	– 0.18418	– 0.03313	0.399245	0.3008	0.122115	0.049191	0.853441	
Jan – 02	– 0.46116	– 0.29524	– 0.18271	0.272138	0.292937	– 0.1245	0.268056	1.068257	
Feb – 02	– 0.40123	– 0.22528	– 0.11012	0.316681	0.290874	– 0.14188	– 0.49093	1.052596	
Mar – 02	– 0.37626	– 0.20067	– 0.07498	0.098971	0.3345	– 0.21479	– 0.27009	0.917422	
Apr – 02	– 0.40964	– 0.2334	– 0.09784	0.210115	0.2467	– 0.21332	– 0.09181	1.038765	
May – 02	– 0.44383	– 0.27835	– 0.13546	– 0.31455	0.0844	– 0.20092	– 0.07895	1.028875	
Jun – 02	– 0.41857	– 0.29413	– 0.15477	– 0.06031	0.4157	– 0.12829	– 0.23561	0.920825	
Jul – 02	– 0.33107	– 0.20703	– 0.05669	– 0.14532	0.2277	– 0.20199	– 0.02853	1.049084	
Aug – 02	– 0.29947	– 0.13014	– 0.03594	– 0.17435	0.4109	– 0.17864	0.04603	1.038888	
Sep – 02	– 0.27965	– 0.10932	– 0.029	0.158887	0.7261	– 0.08314	0.142269	1.03619	
Oct – 02	– 0.27171	– 0.08364	0.016256	0.285374	0.6216	– 0.04544	0.116547	1.075052	
Nov – 02	– 0.29721	– 0.1255	– 0.033	– 0.02812	0.4963	– 0.01903	0.166826	1.088342	
Dec – 02	– 0.33539	– 0.16862	– 0.09733	– 0.45408	0.0673	– 0.10354	– 0.07815	1.019262	
Jan – 03	– 0.1721	– 0.02989	0.055579	0.430505	0.382693	0.479261	0.234099	1.258555	

续表

Date\Index	资本市场指数	上证综合指数	A股总市值	房地产市场指数	商品房销售额	国房景气指数	实体经济指数	GDP：实体	PMI
Feb - 03	-0.17756	-0.00875	0.073512	0.414221	0.374677	0.541872	0.527764	1.193186	
Mar - 03	-0.30804	-0.08921	-0.02561	0.354479	0.3472	0.334071	0.559149	1.34691	
Apr - 03	-0.23798	-0.05308	-0.00938	0.215362	0.3652	0.218929	0.093906	1.23014	
May - 03	-0.24642	-0.0187	0.01338	0.501818	0.5147	0.183003	-0.23377	1.268959	
Jun - 03	-0.30929	-0.01473	0.007221	1.038045	0.3807	0.22838	-0.92144	1.127408	
Jul - 03	-0.35073	-0.11379	-0.09718	0.297633	0.4132	0.285742	0.053708	1.32991	
Aug - 03	-0.33162	-0.12358	-0.10363	0.778466	0.2816	0.231668	0.186285	1.349194	
Sep - 03	-0.32528	-0.13176	-0.11108	0.334088	0.4179	0.160046	0.287224	1.309893	
Oct - 03	-0.30784	-0.10017	-0.08785	0.469834	0.3533	0.144555	0.356454	1.41298	
Nov - 03	-0.27444	-0.07102	-0.05876	0.566086	0.2356	0.1449	0.483137	1.452517	
Dec - 03	-0.13105	0.050103	0.064362	0.213431	0.2684	0.196775	0.652585	1.395944	
Jan - 04	-0.173188	0.113259	0.115151	0.02489	0.375122	-0.211222	0.312693	1.655551	
Feb - 04	0.012564	0.119631	0.137729	-0.234954	0.374241	-0.135606	0.779463	1.543887	
Mar - 04	-0.056528	0.152154	0.179045	0.100568	0.4392	-0.106205	0.527866	1.603713	
Apr - 04	-0.247097	0.09017	0.124312	0.114059	0.3734	-0.104781	0.788949	1.570975	
May - 04	-0.372689	0.005852	0.035935	0.260595	0.5123	-0.033873	1.043665	1.571582	
Jun - 04	-0.375037	-0.047986	-0.015572	-0.228869	0.3107	-0.173767	2.436968	1.948585	
Jul - 04	-0.379616	-0.053654	-0.013282	0.089234	0.4455	-0.18831	0.688532	1.604748	
Aug - 04	-0.390216	-0.065438	-0.033	0.009436	0.3028	-0.160928	0.594549	1.627738	
Sep - 04	-0.27717	-0.026482	0.006238	-0.132088	0.1305	-0.170652	0.493521	1.923891	

续表

Date \ Index	资本市场指数	上证综合指数	A 股总市值	房地产市场指数	商品房销售额	国房景气指数	实体经济指数	GDP：实体	PMI
Oct – 04	– 0.269195	– 0.019638	0.016082	– 0.086529	0.1343	– 0.168745	0.486908	1.642938	
Nov – 04	– 0.31474	– 0.012587	0.023849	0.081651	0.4283	– 0.125916	0.368131	1.664597	
Dec – 04	– 0.418942	– 0.114191	– 0.08079	0.026356	0.3816	– 0.085663	0.250099	1.802923	
Jan – 05	– 0.489267	– 0.222287	– 0.190059	0.33979	0.565414	– 0.325546	0.33904	1.797335	
Feb – 05	– 0.495973	– 0.240531	– 0.22083	0.598401	0.606657	– 0.459781	– 0.029149	1.675166	
Mar – 05	– 0.486617	– 0.267844	– 0.249566	0.121625	0.3319	– 0.354991	0.094981	1.725211	
Apr – 05	– 0.437511	– 0.290013	– 0.273949	– 0.036734	0.1862	– 0.331852	0.182841	1.650286	
May – 05	– 0.400076	– 0.299006	– 0.284523	– 0.166468	0.0614	– 0.354041	0.231037	1.645069	
Jun – 05	– 0.326346	– 0.259915	– 0.248945	0.025366	0.2871	– 0.294733	0.199696	1.568863	
Jul – 05	– 0.321873	– 0.267166	– 0.270486	0.434125	0.7706	– 0.311639	0.250155	1.640013	
Aug – 05	– 0.133087	– 0.153576	– 0.158706	2.569253	5.0836	– 0.323317	0.174255	1.661257	
Sep – 05	– 0.200057	– 0.135736	– 0.143475	0.155584	0.6769	– 0.325289	0.096656	1.471301	
Oct – 05	– 0.234273	– 0.161857	– 0.173599	0.479943	1.4809	– 0.367121	0.070975	1.663978	
Nov – 05	– 0.251206	– 0.180253	– 0.203749	0.137825	0.7869	– 0.417777	0.072207	1.670707	
Dec – 05	– 0.249025	– 0.136487	– 0.172784	– 0.418674	– 0.047	– 0.447209	0.090938	1.547981	
Jan – 06	– 0.111591	– 0.009272	– 0.055447	0.268796	0.935777	– 0.22886	0.3479	1.79947	– 0.47532
Feb – 06	– 0.096384	0.006067	– 0.045804	0.410089	0.891678	– 0.16162	0.279593	1.703838	– 0.440367
Mar – 06	– 0.197967	0.02466	– 0.047331	0.52853	0.7431	– 0.094699	0.127884	1.552437	– 0.44905
Apr – 06	– 0.03397	0.14593	0.052588	0.917084	1.4074	– 0.063563	0.245721	1.712532	0.246914
May – 06	0.524128	0.47122	0.336865	0.73504	1.5611	– 0.029363	0.315517	1.711969	0.359168

续表

Date\Index	资本市场指数	上证综合指数	A股总市值	房地产市场指数	商品房销售额	国房景气指数	实体经济指数	GDP：实体	PMI
Jun－06	0.426078	0.484273	0.354863	0.733731	0.8127	0.083268	0.308222	1.660079	0.464217
Jul－06	0.558562	0.6189	0.740992	0.081485	0.2243	0.151025	0.341537	1.74796	0.254403
Aug－06	0.127016	0.395966	0.530572	-0.212202	-0.7189	0.152319	0.396347	1.786606	0.095057
Sep－06	0.265226	0.438755	0.606734	0.51932	0.2012	0.169592	0.382654	1.595828	0.344828
Oct－06	0.562032	0.587086	0.851527	0.205558	0.0157	0.235597	0.414011	1.828425	0.110906
Nov－06	0.84179	0.775902	1.325778	0.376378	0.3882	0.320787	0.456096	1.859983	0.221811
Dec－06	1.299372	1.049583	1.749452	0.172177	0.1967	0.233575	0.576458	1.663623	0.092081
Jan－07	1.811916	1.301124	2.449798	0.36133	0.386416	0.164748	0.583706	2.01125	0.575816
Feb－07	1.60343	1.188082	2.409505	0.232537	0.386948	0.072241	0.264982	1.903113	0.191939
Mar－07	2.059035	1.333241	2.832483	0.348937	0.3754	-0.023655	0.572458	1.950316	0.144665
Apr－07	2.403591	1.573146	3.314173	0.36351	0.3683	0.102352	0.574442	1.917075	0.086059
May－07	2.325701	1.54339	3.582608	0.36754	0.2464	0.142338	0.663785	1.910703	0.164234
Jun－07	2.290925	1.491933	3.556566	0.540759	0.5308	0.068007	0.895226	2.052835	0.073937
Jul－07	2.124334	1.380322	2.811567	0.607565	0.686	0.047338	0.68397	1.92229	0.171756
Aug－07	3.278325	2.017042	3.787868	0.737236	0.8718	0.113251	0.658226	1.919109	0.169492
Sep－07	3.328749	2.148864	4.003584	0.671394	0.8545	0.179368	0.719495	2.141344	-0.157895
Oct－07	3.230905	2.249974	4.564394	0.854566	0.5888	0.226306	0.598223	1.903666	-0.274223
Nov－07	2.466755	1.691965	4.118243	0.58827	0.3005	0.256928	0.568304	1.900085	0.018083
Dec－07	1.954044	1.197741	3.302787	0.309839	0.2822	0.338967	0.612147	2.242759	0.091241
Jan－08	1.310501	0.790001	2.225361	0.283541	0.251941	0.360281	0.376855	1.939406	-0.381125

续表

Date\Index	资本市场指数	上证综合指数	A 股总市值	房地产市场指数	商品房销售额	国房景气指数	实体经济指数	GDP：实体	PMI
Feb－08	1.063915	0.584191	1.803706	0.166945	0.190166	0.370407	0.418549	1.839298	0.056497
Mar－08	0.567384	0.309269	1.24945	0.164205	0.0848	0.345781	0.591886	2.159686	0.409982
Apr－08	-0.106203	-0.039531	0.650175	-0.088445	-0.0782	0.138334	0.245737	1.755073	0.102389
May－08	-0.272951	-0.130205	0.41442	-0.069411	-0.063	0.001936	0.1158	1.68784	-0.43088
Jun－08	-0.520048	-0.253421	0.193688	-0.05203	-0.0367	-0.053073	0.19731	2.216423	-0.458716
Jul－08	-0.55103	-0.302256	0.099907	-0.577414	-0.2416	-0.157692	-0.206699	1.593245	-0.919325
Aug－08	-0.664521	-0.48513	-0.194364	-0.646587	-0.4054	-0.258423	-0.42539	1.536891	-1.037037
Sep－08	-0.942331	-0.596259	-0.383554	-0.822373	-0.2791	-0.365749	-0.477606	1.968289	-0.87344
Oct－08	-0.968264	-0.667967	-0.552375	-1.07029	-0.3423	-0.573104	-1.049514	1.435519	-1.616541
Nov－08	-0.933251	-0.643722	-0.604423	-1.103836	-0.3846	-0.762736	-1.544566	1.42109	-2.99639
Dec－08	-0.839768	-0.615176	-0.584163	-0.983534	-0.1412	-0.938469	-1.908786	1.292927	-2.549729
Jan－09	-0.924934	-0.616146	-0.593245	-0.722257	0.235304	-0.98999	-1.609961	1.383994	-1.45283
Feb－09	-0.719158	-0.504752	-0.481775	-0.735585	0.31874	-1.01279	-1.25606	1.377721	-0.82397
Mar－09	-0.644691	-0.430897	-0.407449	-0.715913	0.3609	-0.953018	-1.633773	0.529357	-1.027397
Apr－09	-0.376503	-0.275354	-0.252514	-0.672319	0.637	-0.89459	-1.298244	1.320698	-0.962838
May－09	-0.363841	-0.263111	-0.244631	-0.35182	0.7558	-0.716083	-1.06631	1.300951	-0.037523
Jun－09	0.030958	-0.055204	-0.025149	-0.080902	0.7726	-0.633489	-1.17073	0.451229	0.230769
Jul－09	0.281306	0.145507	0.183939	0.026646	1.0045	-0.424971	-0.495835	1.296248	1.012397
Aug－09	0.499138	0.231936	0.28555	0.649549	1.4268	-0.167027	-0.172253	1.281714	1.157025
Sep－09	0.600676	0.334972	0.418773	1.024499	0.97	-0.00692	-0.087061	0.703371	0.605469

续表

Date\Index	资本市场指数	上证综合指数	A股总市值	房地产市场指数	商品房销售额	国房景气指数	实体经济指数	GDP：实体	PMI
Oct－09	0.85205	0.555893	0.679904	0.997012	1.3355	0.235754	0.665205	1.321531	2.376682
Nov－09	1.136325	0.709132	0.85632	2.063514	1.6676	0.438757	1.349852	1.311875	4.226804
Dec－09	0.893774	0.65062	0.793881	0.5774	0.6647	0.746423	1.806842	1.239427	3.737864
Jan－10	0.991714	0.633409	0.79497	1.280645	0.647581	0.950295	1.801583	1.432044	2.317881
Feb－10	0.308098	0.354557	0.501512	1.497684	0.561443	1.11849	1.24427	1.417729	0.612245
Mar－10	0.421811	0.371864	0.54112	1.308643	0.4506	1.176905	1.688819	1.753416	0.515267
Apr－10	0.17525	0.240292	0.412062	2.018283	0.5145	1.150274	1.464244	1.482079	0.411215
May－10	－0.001296	0.017052	0.172958	1.208667	－0.0171	0.951636	1.290747	1.516129	0.150659
Jun－10	－0.208696	－0.102098	0.048169	0.843469	－0.0796	0.881409	1.250052	1.844864	－0.206767
Jul－10	－0.337621	－0.22322	－0.076475	0.822203	－0.1932	0.684624	0.924287	1.580999	－0.393996
Aug－10	－0.158269	－0.142831	0.041047	0.630681	－0.0858	0.402678	0.807971	1.611215	－0.425926
Sep－10	－0.078614	－0.08437	0.114443	0.546511	0.3516	0.241393	0.793153	1.778021	－0.092081
Oct－10	0.12478	－0.022025	0.181201	0.710858	0.2698	0.150936	0.595111	1.655714	－0.09058
Nov－10	－0.007301	－0.072569	0.13002	0.205811	0.1856	0.040864	0.580905	1.679083	0
Dec－10	－0.230477	－0.116237	0.082658	－0.152925	0.2739	－0.180397	0.401813	1.78496	－0.477032
Jan－11	－0.372855	－0.125538	0.060979	0.112188	0.225133	－0.220894	0.390348	1.74902	－0.519713
Feb－11	－0.22859	－0.038507	0.157559	0.060242	0.211443	－0.243671	0.432681	1.676467	0.038462
Mar－11	－0.259748	－0.037605	0.148466	－0.113126	0.2717	－0.274813	0.350008	1.866652	－0.30853
Apr－11	－0.315688	－0.018815	0.147872	－0.220071	－0.1175	－0.233769	0.272046	1.658343	－0.502693
May－11	－0.276811	0.062062	0.232459	0.068005	0.3621	－0.177977	0.28661	1.650897	－0.352505

续表

Date\Index	资本市场指数	上证综合指数	A 股总市值	房地产市场指数	商品房销售额	国房景气指数	实体经济指数	GDP：实体	PMI
Jun - 11	- 0.289252	0.065824	0.22032	- 0.002395	0.4704	- 0.315058	0.481105	1.937456	- 0.230326
Jul - 11	- 0.208432	0.112365	0.263838	0.114161	0.3904	- 0.307487	0.314717	1.611173	- 0.097656
Aug - 11	- 0.429912	- 0.016583	0.098692	0.056368	0.249	- 0.287196	0.211574	1.576866	- 0.154739
Sep - 11	- 0.556967	- 0.069972	0.024656	- 0.260306	0.0998	- 0.300425	0.366129	1.956588	- 0.483271
Oct - 11	- 0.687033	- 0.183984	- 0.10207	- 0.502579	- 0.1105	- 0.318625	0.05103	1.511796	- 0.786106
Nov - 11	- 0.646298	- 0.1739	- 0.104413	- 0.359991	- 0.0123	- 0.322674	- 0.068868	1.496226	- 1.123188
Dec - 11	- 0.726521	- 0.20979	- 0.159873	- 0.832718	- 0.0126	- 0.2849	0.080581	1.585472	- 0.667904
Jan - 12	- 0.677552	- 0.186667	- 0.14765	- 0.68579	0.091684	- 0.382994	- 0.308091	1.448556	- 0.453686
Feb - 12	- 0.542765	- 0.17619	- 0.134396	- 0.87512	0.079816	- 0.48688	0.149853	1.384103	- 0.229885
Mar - 12	- 0.637845	- 0.189677	- 0.143271	- 1.166598	- 0.078	- 0.588464	- 0.128544	1.273625	- 0.05618
Apr - 12	- 0.63275	- 0.213387	- 0.162153	- 1.130352	- 0.045	- 0.733598	- 0.359161	1.299338	0.075614
May - 12	- 0.479624	- 0.155119	- 0.10132	- 0.852881	- 0.0069	- 0.804264	- 0.394782	1.275766	- 0.307692
Jun - 12	- 0.446581	- 0.157331	- 0.098886	- 0.966991	0.0691	- 0.691892	- 0.535164	1.022173	- 0.137525
Jul - 12	- 0.515943	- 0.218042	- 0.172854	- 1.018045	0.2634	- 0.682759	- 0.514813	1.199093	- 0.118343
Aug - 12	- 0.536591	- 0.184458	- 0.146361	- 0.430013	0.2038	- 0.640823	- 0.590373	1.163188	- 0.333988
Sep - 12	- 0.458504	- 0.158534	- 0.118462	- 0.990356	0.0489	- 0.599542	- 0.766322	0.837025	- 0.273438
Oct - 12	- 0.442398	- 0.125377	- 0.081987	- 0.641044	0.3173	- 0.569462	- 0.478748	1.099003	- 0.039683
Nov - 12	- 0.594639	- 0.168451	- 0.139411	- 0.25777	0.384	- 0.416542	- 0.392769	1.04895	0.326531
Dec - 12	- 0.341233	- 0.05522	- 0.027764	- 0.634733	0.0851	- 0.333704	- 0.298516	0.940575	0.059642
Jan - 13	- 0.002486	0.02706	0.081779	- 0.156597	0.24561	- 0.16477	- 0.142107	1.021043	- 0.019802

续表

Date\Index	资本市场指数	上证综合指数	A 股总市值	房地产市场指数	商品房销售额	国房景气指数	实体经济指数	GDP：实体	PMI
Feb-13	-0.250748	0.006075	0.056874	0.025175	0.250402	0.003065	-0.662074	1.001029	-0.176471
Mar-13	-0.199841	-0.036683	0.00649	0.271664	0.4645	0.066034	-0.516086	0.904445	-0.414313
Apr-13	-0.179819	-0.061464	-0.016392	0.335033	0.5619	0.180924	-0.472454	0.963075	-0.506567
May-13	-0.12911	-0.051924	0.007009	-0.045986	0.3338	0.248683	-0.513437	0.949152	0.079365
Jun-13	-0.252655	-0.071574	-0.017108	0.026093	0.1772	0.272411	-0.661186	0.831721	-0.01992
Jul-13	-0.158051	-0.07154	-0.009823	0.378375	0.1461	0.298192	-0.447199	0.920885	0.03992
Aug-13	-0.042227	-0.019144	0.048627	-0.490062	0.1626	0.280008	-0.298838	0.891866	0.365854
Sep-13	0.008831	0.055649	0.118721	0.357049	0.3093	0.302998	-0.264354	0.946033	0.261044
Oct-13	0.05246	0.041242	0.112094	-0.253854	0.2123	0.245347	-0.294726	0.867023	0.239044
Nov-13	0.06407	0.058364	0.134119	0.498622	0.2053	0.070003	-0.354362	0.833024	0.158103
Dec-13	-0.042051	0.018222	0.10504	0.079569	0.0505	0.169474	-0.484307	0.999254	0.079051
Jan-14	-0.278114	-0.118891	-0.028449	-0.183315	0.085005	0.032974	-0.538987	0.823875	0.019841
Feb-14	-0.217184	-0.121358	-0.015403	-0.471013	0.049388	-0.103145	-0.670315	0.830473	0.01996
Mar-14	-0.284969	-0.113133	-0.015432	-0.859758	-0.069	-0.118901	-0.457422	0.807105	-0.117878
Apr-14	-0.266272	-0.062128	0.029808	-0.782584	-0.1387	-0.160247	-0.493883	0.802528	-0.039526
May-14	-0.454024	-0.10367	-0.030917	-0.751362	-0.108	-0.230311	-0.459003	0.778248	0
Jun-14	-0.273192	-0.035927	0.045857	-0.691491	-0.0071	-0.251824	-0.302034	0.861992	0.179641
Jul-14	-0.223966	0.036044	0.119756	-0.612616	-0.1604	-0.263887	-0.473049	0.750112	0.27833
Aug-14	-0.176548	0.0697	0.152086	-0.570576	-0.1343	-0.256964	-0.630063	0.733727	0.019608
Sep-14	-0.061574	0.060275	0.162865	-0.675964	-0.0889	-0.260154	-0.537761	0.827215	0

续表

Date\Index	资本市场指数	上证综合指数	A股总市值	房地产市场指数	商品房销售额	国房景气指数	实体经济指数	GDP：实体	PMI
Oct－14	-0.015768	0.076805	0.184607	-0.105894	-0.0072	-0.218827	-0.663215	0.704785	-0.116732
Nov－14	0.206238	0.153237	0.259721	-1.089892	-0.0704	-0.215812	-0.686821	0.683623	-0.214008
Dec－14	0.661928	0.38419	0.4626	-1.073574	0.0287	-0.337414	-0.607768	0.688304	-0.176471
Jan－15	0.762472	0.617593	0.652504	-0.844332	0.071063	-0.334171	-0.583115	0.669396	-0.138614
Feb－15	0.564037	0.523581	0.573352	-0.863183	0.083372	-0.324012	-0.611644	0.67156	-0.059761
Mar－15	1.082155	0.710641	0.807254	-0.969637	-0.0197	-0.341286	-0.682742	0.600983	-0.039761
Apr－15	1.834911	1.018063	1.153721	-0.872128	0.1332	-0.337196	-0.568557	0.652359	-0.059524
May－15	2.489694	1.201178	1.431958	-0.771142	0.2427	-0.272574	-0.585503	0.640223	-0.11811
Jun－15	2.837798	1.3485	1.668651	-0.672552	0.3206	-0.233024	-0.590372	0.576152	-0.156863
Jul－15	1.53108	0.844595	1.074745	-0.67277	0.3337	-0.188779	-0.654995	0.633056	-0.32882
Aug－15	1.057789	0.620122	0.833663	-0.685122	0.2853	-0.14031	-0.5915	0.645777	-0.273973
Sep－15	0.287866	0.349978	0.490819	-0.304914	0.1503	-0.139358	-0.699307	0.482085	-0.254403
Oct－15	0.485699	0.41952	0.58269	-0.79682	0.1239	-0.149852	-0.640302	0.65245	-0.19685
Nov－15	0.622583	0.428327	0.649086	-0.73138	0.2022	-0.100742	-0.59076	0.642906	-0.139165
Dec－15	0.301219	0.184175	0.439879	-0.680564	0.0802	-0.062813	-0.732458	0.499529	-0.07984
Jan－16	-0.153837	-0.094266	0.113209	-0.336049	0.287865	0.254259	-0.779125	0.678027	-0.080321
Feb－16	-0.226157	-0.120305	0.060297	-0.255299	0.305178	0.576944	-0.825915	0.682506	-0.180361
Mar－16	-0.348965	-0.165137	-0.023058	0.5159	0.644	0.771131	-0.842435	0.602563	0.01996
Apr－16	-0.590715	-0.282154	-0.148364	0.432903	0.5976	0.866465	-0.882862	0.714115	0
May－16	-0.839292	-0.359901	-0.259743	0.158624	0.3673	0.880666	-0.795528	0.737112	-0.01992

续表

Date\Index	资本市场指数	上证综合指数	A股总市值	房地产市场指数	商品房销售额	国房景气指数	实体经济指数	GDP：实体	PMI
Jun-16	-0.917858	-0.395753	-0.31456	-0.057868	0.2087	0.894958	-0.734115	0.681564	-0.039841
Jul-16	-0.625181	-0.216037	-0.1023	-0.046637	0.2858	0.787918	-0.568864	0.781206	-0.02
Aug-16	-0.533641	-0.151361	-0.034455	-0.050642	0.3177	0.742564	-0.432485	0.81891	0.140845
Sep-16	-0.268718	-0.029261	0.131235	-0.229074	0.5609	0.764454	-0.433411	0.729314	0.120482
Oct-16	-0.411691	-0.076736	0.066184	0.233241	0.4014	0.793872	-0.235792	0.867329	0.281124
Nov-16	-0.539107	-0.102684	0.014103	-0.119207	0.1324	0.806642	-0.103789	0.866343	0.423387
Dec-16	-0.698343	-0.110039	-0.01979	0.148402	0.1854	0.822798	0.025553	0.962154	0.342052
Jan-17	-0.498359	0.051268	0.156253	-0.108735	0.238109	0.483472	0.205687	0.929504	0.384615
Feb-17	-0.349754	0.145645	0.259815	-0.293522	0.21435	0.159306	0.626807	0.909781	0.530612
Mar-17	-0.40607	0.11417	0.252038	-0.293091	0.2442	0.08276	0.804255	1.162755	0.318725
Apr-17	-0.475031	0.069281	0.179332	-0.330934	0.0995	0.062637	0.618936	0.942145	0.219561
May-17	-0.453174	0.082073	0.181931	-0.333367	0.1414	0.060654	0.58699	0.978159	0.219561
Jun-17	-0.443385	0.085056	0.166387	-0.194763	0.3035	0.045581	0.690141	1.103895	0.34
Jul-17	-0.481374	0.068051	0.136851	-0.517044	0.0476	0.108609	0.572281	1.001813	0.300601
Aug-17	-0.432944	0.077858	0.148087	-0.419628	0.0641	0.106574	0.4454	1.026295	0.257937
Sep-17	-0.358009	0.107605	0.179777	-0.444766	0.0164	0.095484	0.481771	1.11451	0.396825
Oct-17	-0.410901	0.097509	0.165576	-0.578524	-0.0166	0.078412	0.254428	1.036565	0.078125
Nov-17	-0.464718	0.060303	0.124003	-0.295461	0.1334	0.079302	0.172107	1.03391	0.019342
Dec-17	-0.400334	0.043668	0.111539	-0.462778	0.2047	0.074243	0.202558	1.093704	0.038911
Jan-18	-0.244638	0.102251	0.1725	-0.312126	0.130758	0.084869	0.104303	1.047682	0

续表

Date\Index	资本市场指数	上证综合指数	A 股总市值	房地产市场指数	商品房销售额	国房景气指数	实体经济指数	GDP：实体	PMI
Feb – 18	– 0. 434367	0. 026434	0. 075338	– 0. 345858	0. 120382	0. 094283	– 0. 116356	1. 002577	– 0. 251938
Mar – 18	– 0. 38247	0. 00218	0. 061177	– 0. 335309	0. 062	0. 039557	– 0. 146871	1. 076617	– 0. 057915
Apr – 18	– 0. 364905	– 0. 027698	0. 037174	– 0. 386716	0. 0582	0. 017785	– 0. 077922	0. 990243	0. 039062
May – 18	– 0. 253292	0. 016982	0. 084602	– 0. 210498	0. 2062	0. 043487	– 0. 046823	1. 004126	0. 136719
Jun – 18	– 0. 414591	– 0. 053315	0. 007095	– 0. 269696	0. 1706	0. 032551	– 0. 224166	1. 024407	– 0. 038685
Jul – 18	– 0. 476481	– 0. 124489	– 0. 060024	– 0. 073545	0. 2197	0. 046328	– 0. 210269	0. 987646	– 0. 038911
Aug – 18	– 0. 559053	– 0. 164056	– 0. 114745	– 0. 094425	0. 1517	0. 055189	– 0. 223679	0. 996702	– 0. 077369
Sep – 18	– 0. 643401	– 0. 190331	– 0. 158046	– 0. 227064	0. 0672	0. 052217	– 0. 327878	0. 964178	– 0. 305344
Oct – 18	– 0. 698804	– 0. 231758	– 0. 214127	– 0. 262422	0. 0627	0. 044318	– 0. 308677	0. 977227	– 0. 271318
Nov – 18	– 0. 623913	– 0. 223486	– 0. 195593	– 0. 166089	0. 0884	0. 028521	– 0. 36026	0. 964253	– 0. 34749
Dec – 18	– 0. 593613	– 0. 218586	– 0. 191926	– 0. 114254	0. 1232	0. 009826	– 0. 375607	0. 949166	– 0. 426357
Jan – 19	– 0. 584183	– 0. 25993	– 0. 235525	0. 011359	0. 106894	– 0. 120564	– 0. 358771	0. 957865	– 0. 350877
Feb – 19	– 0. 353568	– 0. 156805	– 0. 115004	0. 088861	0. 094126	– 0. 088487	– 0. 372998	0. 912712	– 0. 218688
Mar – 19	– 0. 287455	– 0. 061431	– 0. 025084	0. 011661	0. 0831	– 0. 054177	– 0. 331536	0. 786711	– 0. 194175
Apr – 19	– 0. 221226	0. 022669	0. 058153	– 0. 17286	0. 139	– 0. 027616	– 0. 373794	0. 897601	– 0. 252918
May – 19	– 0. 438093	– 0. 078906	– 0. 050387	– 0. 398738	0. 0061	– 0. 058059	– 0. 459483	0. 911135	– 0. 481696

后　记

本书是基于我博士论文内容的基础上修改完成的。宏观经济的量化分析总是被低频数据无法反映经济运行的全貌所困扰，本书旨在通过构建一种较为新颖的混频数据分析方法，书中除所应用的程序包外，其余部分均为自己所写，以期为量化分析宏观经济走势和政策效果提供一点启发。

感谢我的博士导师，宋吟秋教授，在我初入学术生涯时期给予了我巨大的支持和指引，无论在生活中还是在学术上，让我如沐春风，为我指引了前进的方向。感谢中国科学院大学经济与管理学院汪寿阳、董纪昌、孙毅、李秀婷、董志等诸位老师，以及诸位同学、同门、好友，为本书的成形提供了诸多帮助。

感谢中共中央党校（国家行政学院）公共管理部王满传主任和各位同事在事业上和生活上提供的巨大帮助。本书部分内容是中共中央党校（国家行政学院）创新工程项目"提高公共政策制定与""中国式经济现代化道路研究"的研究成果，本书出版得到了这两个项目的相关支持。

最后，要感谢我的父亲和已故的母亲，是他们养育了我，教会我做人的道理，教会我如何与自己、与世界相处，并为成就如今的我扫清了障碍。疫情期间与父亲一同"困"于故乡数月，也因祸得福能够平心静气地全身心投入到本书内容的写作当中，感谢父亲这段时间的陪伴和支持，以及生活中的照料，让我得以心无旁骛地完成写作。感谢哥嫂和可爱的侄儿，正因为有了每一位亲人的支持，我才有决心也有信心，辞掉公务员的工作，毅然决然地完成人生的梦想。